AF474443

FERRET 1976

MANUEL

JURIDIQUE ET PRATIQUE

DE L'IRRIGATEUR

AVEC PLANS LITHOGRAPHIÉS

PAR

MM. BENJAMIN VIGNERTE, Avocat et A. G. [illegible] ancien Avoué

PRIX : 2 FR. 50 CENT.

PARIS

JOUBERT, LIBRAIRE,

RUE DES GRÈS, 14, PRÈS L'ÉCOLE DE DROIT.

—

1846.

MANUEL

JURIDIQUE ET PRATIQUE

DE L'IRRIGATEUR

Poissy, Imp. d'Olivier-Fulgence et Comp.

MANUEL

JURIDIQUE ET PRATIQUE

DE L'IRRIGATEUR

AVEC PLANS LITHOGRAPHIÉS

PAR

MM. BENJAMIN VIGNERTE, Avocat
et A. C....... ancien Avoué.

PARIS

JOUBERT, LIBRAIRE,
RUE DES GRÈS, 11, PRÈS L'ÉCOLE DE DROIT

1846

MANUEL

JURIDIQUE ET PRATIQUE

DE L'IRRIGATEUR

I

Utilité des Irrigations pour l'agriculture en tout pays et particulièrement en France.

Dans tous les pays, dans tous les âges et à tous les degrés de civilisation, on a vu les peuples agriculteurs chercher dans des inondations artificielles, ou des procédés d'arrosage plus ou moins ingénieux, les moyens de combattre la sécheresse du climat, de doubler les facultés productives du sol, de répartir avec égalité et proportion, sur tous les points de sa surface, l'élément fécondant avec les sels et les sucs végéta qu'il contient. Parcourez les régions tropicales ou les régions polaires ; visitez l'Arabe du Sahara, réduit à percer des puits artésiens et à creuser des troncs d'arbres en guise de canaux pour animer et fertiliser ses vertes oasis ; ou le laboureur de Suède et de Norwége, dont l'industrieuse activité utilise les neiges des montagnes, non seulement pour les prairies, mais aussi pour les terres de labour : — partout vous trouvez les irrigations en usage. Des contrées, jadis riches et florissantes, sont frappées de stérilité depuis que les irrigations en ont disparu. On s'explique dès lors pourquoi les nations civilisées, forcées de demander chaque jour davantage au sol, à proportion de l'accroissement des populations et du progrès des besoins, se préoccupent à l'envi du soin d'étendre et de perfectionner chez elles les arrosages. La France, en particulier, qui possède un sol si riche, une population si nombreuse, sous le climat le plus varié : la France, sillonnée de fleuves et de rivières inégalement distribués sur le territoire, a donc le plus grand intérêt à développer, par l'irrigation, ses éléments de richesse foncière.

— Il s'agit de recueillir à leur passage quelques portions des immenses trésors de fertilité qui chaque année se perdent, se dissipent inutilement. C'est par millions qu'ils nous échappent. Les eaux pluviales, les torrents, les fleuves les emportent dans la mer et les enlèvent à notre sol.

L'illustre Mathieu de Dombasle avait raison quand il disait que « si l'on voulait, la France, avant un demi

» siècle, porterait 50 millions d'habitants, pour-
» vus quatre fois mieux qu'ils ne le sont aujourd'hui
» de tout ce qui est propre à satisfaire les besoins
» moraux et intellectuels de la société. » Ce philanthrope avait en vue les améliorations, les défrichements dont le sol est susceptible, et surtout les irrigations qui constituent un des moyens les plus puissants pour atteindre ce degré de prospérité qu'il appelait de tous ses vœux.

Tous les agronomes, qui se sont occupés de la question, en ont jugé de même. Un célèbre agronome anglais, sir William Tatham, a publié un excellent traité des irrigations, dans lequel il s'exprime ainsi : « Pas une goutte d'eau ne devrait arriver à la mer
» sans avoir fertilisé quelque parcelle du sol. »

Dans le département des Vosges, un grand propriétaire a fait récemment, sur des plantations d'arbres, une expérience décisive. Certaines parties du sol où reposaient ces plantations avaient été soigneusement arrosées; d'autres ne l'avaient pas été du tout. La différence d'accroissement entre ces plantations a été prodigieuse.

Sur les bords de la Moselle, M. Dutac, autre grand propriétaire, a fait une immense opération d'arrosage par suite d'une concession obtenue sur cette rivière. Il a créé sur des galets, sur des cailloux roulants et stériles, une fertilité tout à fait extraordinaire, et c'est par millions que les résultats ont été obtenus.

Si l'on ne prenait le parti de recourir aux irrigations, huit millions d'hectares de landes, de pâtis, de bruyères, qui font la honte de notre pays et de notre époque, resteraient dans le *statu quo*. Par les irrigations, 2 ou 3,000 hectares en Bretagne, en Gascogne, dans le Bourbonnais et ailleurs, seront transformés en prairies qui pourront valoir jusqu'à 5 ou 6,000 fr. l'hectare. Il s'ensuivra d'immenses travaux qui ne peuvent être exécutés que par des propriétaires riches, il est vrai, mais qui occuperont beaucoup de bras et répandront l'aisance dans les campagnes en accroissant considérablement les produits du sol. (Extrait du discours de M. de Tracy, chambre des députés, discussion de la loi sur les irrigations, session de 1845.)

— On calcule que le territoire de la France ne renferme que 1 hectare et 1/3 de prairies pour 5 hectares de terre arable. C'est plus que la quotité en nature de pré ordinairement stipulée dans un bail à ferme. En Lorraine, par exemple, les fermiers n'exigent en nature de pré que le 1/8 du terrain total affermé. La vérité est que la quantité générale des prairies en France ne suffit pas à élever un bétail assez nombreux pour faire baisser la chair des animaux jusqu'à un prix qui soit à la portée des laboureurs et des ouvriers des villes, dont la santé s'étiole et s'affaiblit dans les ateliers industriels, faute de viande. (M. Gillon, député, session de 1845.)

— Dans le midi de la France, faute de prairies, la viande, cette grande cause de querelle entre le nord et le midi, la viande, qui est en général la substance alimentaire la plus recherchée et la plus convenable pour la nutrition, se paie à un prix énorme.

Pour les deux écoles d'arts et métiers d'Angers et d'Aix en Provence, on a passé le même jour le marché des fournitures de viande ; on a payé à Angers 69 c. le kilogr., à Aix 1 fr. 25 c., près du double. (M. Fulchiron, député.)

— A mesure que les populations se sont accrues en nombre et en aisance, il a fallu demander davantage au sol. Le besoin de multiplication des animaux se fait surtout sentir dans les parties de l'Europe les plus avancées en civilisation. Ce n'est pas seulement parce qu'ils ont acquis plus de valeur vénale, c'est surtout parce qu'ils fournissent des engrais dont l'abondance détermine la richesse des récoltes. De là l'importance qui s'attache à toutes les cultures fourragères, l'extension toujours croissante des prairies artificielles, et les efforts tentés pour étendre et améliorer les prairies naturelles. De là aussi la nécessité d'user plus largement des secours de l'irrigation.

En Allemagne, en Angleterre, en France, des eaux longtemps dédaignées, sont aujourd'hui recueillies à grands frais, et les cultivateurs les plus intelligents ne reculent devant aucun sacrifice pour s'en procurer.

Dans le nord de l'Europe, où les moissons, mûries aux ardeurs d'un soleil qui, durant les jours de l'été, disparaît à peine un moment de l'horizon, manquent toutes les fois que des pluies fréquentes ne viennent pas rafraîchir l'atmosphère, l'irrigation a pris plus d'extension encore que dans le midi. Les laboureurs de la Suède et de la Norwége ne se bornent pas à arroser leurs prairies ; beaucoup de terres en labour reçoivent les mêmes soins et y répondent par des fruits plus abondants, plus assurés.

La France, moins arrosée que l'Angleterre et le midi de l'Allemagne, ne compte pas autant de prés et de pâtures que ces deux pays. En outre, les trois quarts de son territoire sont sujets à des sécheresses estivales qui les privent parfois d'une partie de la récolte herbagère. De là naissent pour l'élève et l'entretien du bétail des difficultés qui lui sont propres et qui accroissent chez elle la nécessité de suppléer, à l'aide de ressources artificielles, à l'insuffisance de celles qu'elle doit à la nature. (Rapport de M. Passy à la Chambre des Pairs sur la loi des irrigations, session de 1845.)

— Par l'irrigation, les produits du sol augmentent et réagissent proportionnellement sur les valeurs locatives.

En Lombardie, dans cette plaine du Pô, si pauvre par la nature du sol, et si riche par le génie de ses habitants, l'irrigation habilement employée depuis des siècles, est arrivée à faire produire à l'hectare de prairie un revenu brut annuel de 1,098 fr. Là, un domaine de 148 hectares, prés et terres arables, donne au propriétaire qui n'exploite pas, un revenu, net de toute charge, de 31,450 fr., ou 212 fr. 50 c. par hectare, et donne au fermier 7 0/0 d'intérêt de son capital d'exploitation. Dans cette heureuse contrée, on compte par chaque kilomètre carré 176 habitans, tandis que dans la plaine Belge il n'y en a que 143, et en France que 64. Et si l'on veut généraliser l'observation, on voit qu'en

Lombardie, pour une même surface, il y a 1/3 d'habitants de plus qu'en Hollande et qu'en Angleterre; que, sur un kilomètre carré, sa population est double de celle de l'Allemagne, triple de celle du Portugal et du Danemarck, quadruple de celle de l'Espagne

En France, voici ce qui se passe: en Provence, sur la Crau, dans ce désert pavé de galets, l'hectare arrosé se vend 4,000 fr. — Dans les Vosges, les graviers sans végétation de la Moselle ont, par les soins et les travaux de M. Dutac, acquis une valeur d'aumoins 5,000 fr. par hectare. — A Autun, des terres qui valaient à peine, il y a cinq ans, 900 f. l'hectare, se vendraient, aujourd'hui qu'elles reçoivent les bienfaits de l'irrigation, 5,000 fr. au moins. — En Bretagne, grâce à la haute science agricole de M. Rieffel, l'hectare de landes qu'on eût payé trop cher, il y a quelques années, à raison de 300 fr., trouverait facilement, aujourd'hui qu'il est converti en prés arrosés, des acquéreurs sur le pied de 2,500 fr.

Ce n'est pas seulement en procurant l'humidité au sol que les irrigations le bonifient, le fécondent. Elles lui profitent encore indirectement par la multiplication des animaux, des engrais, et par le développement immense imprimé à tous les produits de la culture. Chacun sait que tout progrès agricole dépend de la production la plus considérable que possible d'aliments propres aux animaux domestiques. (M. le ministre de l'agriculture et du commerce, Chambre des Pairs, session de 1845.)

—Les agronomes habiles font deux reproches à l'agriculture française : d'abord de se consacrer trop exclusivement à la production des céréales ; puis, de ce que le prix de *revient* de ses produits est plus élevé que dans les autres pays. En d'autres termes, il y a abus du travail mécanique. Nous cultivons sans engrais une terre qui produit 10 hectolitres de blé. Avec engrais, sans augmenter la dose du travail, la même terre produirait 20 hectolitres. Toutefois donc que l'engrais, nécessaire à obtenir un produit égal à celui qu'on obtient du travail seul, sera moins cher que ce travail, il y aura avantage à s'en servir. Il faut par conséquent cultiver moins de céréales et plus de fourrages. Alors le prix de *revient* des produits résultant du travail combiné avec l'engrais devient moins élevé.

Il y a une cause au mal qui est inhérente à notre climat. Excepté le nord-ouest, les côtes de l'ouest, et ses contrées montagneuses, la France se trouve dans une région de transition entre les pays secs du midi où la pluie ne tombe que dans une seule saison de l'année, et ceux du nord où elle est presque habituelle. De là grande irrégularité dans nos saisons pluvieuses, lesquelles ou participent du nord et se prolongent sans mesure, ou tiennent du sud et ne versent qu'avec parcimonie l'eau nécessaire à alimenter la végétation.

Cette irrégularité n'existe pas seulement pour nos départements méridionaux. Il ne faudrait pas remonter bien loin dans le passé pour trouver de ces années calamiteuses de sécheresse qui ont dérangé tous les calculs agricoles dans nos départements du centre et du nord-est. Aussi la grande préoccupation des agriculteurs, c'est la distribution des pluies, l'incertitude de leur arrivée et de leur durée, l'incertitude surtout des récoltes fourragères qui dégoûte de l'entretien des troupeaux et réduit la culture aux simples céréales, parce que, mûrissant à la fin du printemps ou au commencement de l'été, elles s'accommodent très bien du degré d'humidité progressivement décroissante de la terre. Le colza, les pommes de terre, les prés ne sont dans la culture qu'un accessoire réduit à des proportions extrêmement minces. Il en est de même du bétail.

Quelles sont les conséquences d'une telle situation climatérique? Le défaut d'engrais multiplie dans une proportion excessive le travail du laboureur pour l'obtention d'un faible produit. L'incertitude des récoltes rend impossible toute spéculation suivie. Point de riches fermiers. Les capitaux suffisants pour l'exploitation d'une ferme cessent de l'être, pour parer aux chances de plusieurs années calamiteuses. Il n'y a plus que des colons attachés à la glèbe par l'habitude et la misère. Le tenancier ou métayer, qui n'a pas d'argent à débourser, vit sur les produits du sol, et des bords de la Méditerranée à ceux de la Loire signale la surface immense du territoire qui a le plus à souffrir des incertitudes des saisons. Cependant, chose remarquable! dans les pays de métayage mêmes, on trouve des fermiers pour les prairies et pour les terrains qui, se trouvant dans des conditions de situation à part, offrent moins d'incertitude pour le succès des récoltes.

Est-ce à dire qu'on ne puisse avoir une bonne agriculture sous une latitude méridionale? Non. On y trouve des terrains plus riches peut-être que dans les meilleurs climats. Ainsi les rives du Gange, celles du Nil, les côtes ouest de l'Espagne, la vallée du Pô en Italie présentent les théâtres des plus admirables cultures. Mais à quelles conditions? Le Gange et le Nil doivent déborder chaque année. Dans les *huertas* de Valence et en Lombardie, les eaux des rivières doivent se répartir sur le sol. Il faut modifier, dompter le climat. Les terres d'Egypte où ne parviennent pas les eaux du Nil sont infertiles. Le plateau de l'Espagne et les terres élevées d'Italie ont une valeur faible en comparaison des terres arrosées.

Partout où l'on ne s'assure pas par des moyens artificiels ou naturels l'humidité nécessaire pendant l'été, la végétation au lieu de neuf mois n'en dure que trois, et la valeur des terres se réduit dans les mêmes proportions.

Un calcul modéré permet de croire qu'un jour en France 4 à 5 millions d'hectares sur les 32 millions qu'on cultive pourront être fertilisés par l'irrigation, qui réagira sur les engrais, et qu'en utilisant les eaux troubles des crues pour exhausser par des dépôts les terres trop humides et les rendre ainsi à la culture, le revenu de 12 millions d'hectares au moins sera doublé. (M. le comte de Gasparin, Chambre des Pairs, session de 1845.)

II

Lois spéciales portées en faveur des irrigations dans différents pays d'Europe.

En ce qui touche directement ou indirectement à la prospérité de l'agriculture, plusieurs législations étrangères ont devancé la nôtre.

Les lois de la Lombardie et du Piémont qui semblent être les plus parfaites dans la matière, si l'on en juge par l'excellence des résultats obtenus, peuvent se résumer en deux points généraux : 1° L'appropriation à l'Etat de toute espèce d'eau courante ; 2° le droit d'aqueduc à travers le fonds d'autrui, et comme conséquence, le droit d'appui d'un barrage sur les bords du fonds voisin pour faciliter la dérivation des eaux.

Par le premier principe, toutes les eaux courantes peuvent être utilisées en vertu de concessions obtenues du gouvernement, sans qu'il soit nécessaire d'être propriétaire exclusif, ni riverain immédiat d'un cours d'eau.

Par le second sont écartées toutes les difficultés, toutes les contestations, toutes les prétentions individuelles susceptibles d'entraver la marche des eaux de leur point de départ à leur point d'arrivée.

Voici comment s'exprime M. Giovanetti, le plus célèbre légiste d'Italie dans la matière des irrigations, à l'égard du droit d'aqueduc sur le fonds d'autrui.

« Ce droit, dit-il, est indispensable pour utiliser les » eaux. Avec ce droit on triple la valeur de la bonne » terre, et l'on donne un grand prix à des terres de » landes et à des bruyères sans valeur. »

Le droit d'aquedu c, ou de passage des eaux sur l'héritage d'autrui, n'est pas nouveau en Italie. On le trouve établi en Lombardie dès le XIIe siècle, et dès cette époque aussi datent les grands travaux de canalisation et d'arrosage qui ont fait de ce pays, sous le rapport de la culture, le pays le plus riche de l'Europe, sans en excepter la Belgique.

Le code Napoléon est devenu, comme on sait, la loi civile de la Lombardie, sauf quelques dispositions particulières sur les majorats. Dans ce code, on a eu soin d'intercaler les dispositions de l'ancienne loi Lombarde en faveur des irrigations, qui se résument dans les sept articles suivants :

1° Il est permis à tout citoyen d'extraire l'eau dont il a besoin pour l'irrigation de ses propriétés, sous la condition de ne pas porter préjudice à ceux qui ont précédemment usé de ce droit, et de plus, d'obtenir l'autorisation des magistrats, toutes les fois qu'il s'agira d'une dérivation qui pourrait compromettre les intérêts publics.

2° Il est loisible à ceux qui ont droit à une eau courante de la faire passer sur le fonds d'autrui, pourvu qu'ils paient au propriétaire le *double* de la valeur de la portion du terrain que le cours d'eau lui enlèvera.

3° L'évaluation du terrain se fait par des arbitres que les parties choisissent, et le prix en sera payé avant le commencement des travaux qui doivent frayer à l'eau son passage.

4° En cas de refus du propriétaire d'acquiescer à l'établissement de l'aqueduc ou de la rigole, il y aura lieu au dépôt de la somme à laquelle le terrain aura été évalué par des arbitres que le *podestat* nommera, et aussitôt après on pourra commencer les travaux.

5° Le passage peut avoir lieu à travers d'autres cours d'eau préexistants au moyen des constructions nécessaires; et dans ce cas, celui qui demande le passage est tenu de fournir caution pour les dommages que les travaux pourront occasionner au propriétaire du cours d'eau préexistant.

6° Pendant le temps que durera le travail nécessaire pour établir un nouveau courant d'eau, les propriétaires de l'ancien seront tenus, moyennant indemnité, de souffrir que l'eau soit arrêtée ou détournée autant qu'il sera nécessaire pour l'exécution des travaux.

7° Dans le cas où le passage de l'eau apporterait une notable diminution dans la valeur de la pièce entière sur laquelle l'aqueduc serait construit, on pourra forcer celui qui veut établir le cours d'eau à acheter toute cette pièce de terre au prix fixé par des arbitres.

Ce régime a fertilisé 3,000 lieues carrées, et la population qui, d'après les anciennes chroniques italiennes, était misérable sur le sol, et ne dépassait pas, par lieue carrée, 200 à 250 habitants, en a aujourd'hui près de 900 qui sont riches ou vivent dans l'aisance.

Dans le Piémont, le droit d'aqueduc sur le fonds d'autrui existe depuis la fin du XVIe siècle. Là aussi, les irrigations ont fertilisé d'immenses surfaces, auparavant stériles, multiplié les prairies et les bestiaux. Du côté de Pavie, du côté de la *Sezzia*, cette rivière qui traversait autrefois des sables stériles, la culture des herbes fourragères donne lieu aujourd'hui à une exportation annuelle de 40 millions, les besoins locaux satisfaits.

Ce doit d'aqueduc a été fidèlement conservé dans le nouveau code civil, promulgué par le roi de Sardaigne. Telles sont en substance les dispositions spéciales de ce code en faveur des irrigations :

« Toute commune, tout particulier sont tenus de » donner passage sur leurs fonds aux eaux que l'on » veut conduire pour l'irrigation de ses terres ou pour » l'usage des usines.

» Seulement, celui qui veut conduire des eaux » sur l'héritage d'autrui, doit faire tous les travaux » à ses frais et payer le *cinquième* en sus de la valeur » du terrain qu'il sera obligé d'acquérir. »

D'autres pays voisins n'ont pas manqué de porter leur attention sur un objet aussi essentiel au développement de la prospérité publique. Tandis que l'Italie et la Sardaigne s'appliquaient à perfectionner chez elles le regime vivifiant des irrigations. les gouvernements allemands travaillaient à l'introduire dans leurs états. Dès 1830, le grand-duché de Hesse était doté d'une loi *destinée à favoriser les irrigations des prairies*. Treize ans plus tard, la Prusse avait une loi semblable, et à la même époque les états du Wurtemberg discutaient un projet dans le même but. En

Angleterre, un bill soumis au Parlement en 1843, et qui n'avait en vue que les *dessèchements*, s'est transformé dans le cours de la discussion en bill sur les *dessèchements* et *les irrigations*. De nombreux amendements ont complété la portée primitive du bill, et l'agriculture anglaise a obtenu une liberté d'action qui lui manquait auparavant.

La France ne pouvait rester en arrière des progrès réalisés, des efforts tentés chez ses voisins pour l'amélioration de la culture et la multiplication des fourrages, des bestiaux et des engrais, par la voie des irrigations. D'ailleurs, une loi nouvelle qui facilitât la distribution des eaux dans les campagnes était incessamment réclamée par un grand nombre de propriétaires. Quand il s'est agi d'élaborer cette loi, les regards de l'administration et des Chambres se sont naturellement tournés de préférence vers le nord de l'Italie et la Sardaigne, comme étant les contrées de l'Europe les mieux arrosées et les plus fertiles relativement au climat. La législation en vigueur dans ces contrées a donc servi de type de comparaison pour la confection de la loi nouvelle. Malheureusement, le système absolu de notre code civil, touchant les droits de propriété, n'a pas permis d'importer chez nous les dispositions larges et bienfaisantes des codes Sarde et Lombard, qui rendent accessible à tous les intéressés l'usage des cours d'eau avoisinant de près ou de loin un héritage, sauf l'autorisation préalable des magistrats, toutes les fois qu'il s'agit d'une dérivation pouvant compromettre les intérêts publics. Chacun sait qu'en France l'État ne dispose souverainement que des rivières navigables et flottables. Sur les autres cours d'eau il n'exerce qu'une action génerale de police ; il règlemente l'exercice des droits acquis, sans pouvoir en créer de nouveaux. Dès lors, la loi nouvelle n'a pu emprunter aux codes Sarde et Lombard que le principe du droit d'aqueduc, encore en le modifiant dans le sens d'une *servitude active*, pour le faire cadrer avec l'ensemble de nos lois sur la propriété. Il est a regretter vivement qu'elle n'ait pas du moins admis comme conséquence du principe la faculté d'appuyer au besoin un barrage sur le bord du fonds d'autrui pour faciliter la dérivation des eaux. Sans cette faculté, le droit d'aqueduc devient dans beaucoup de cas inefficace. En Lombardie, en Piémont, en Prusse, dans le grand-duché de Hesse, en un mot, partout où le droit d'aqueduc est établi, le droit de barrage existe concurremment, et sert en quelque sorte de complément au premier.

III

Régime général des eaux en France. — Obstacles qu'il apporte à l'agriculture. — Exceptions à ce régime dans quelques localités bien arrosées. — Nécessité qu'il y avait d'une loi nouvelle. — Son objet.

Il existe en France trois classes d'eaux :

1° Les eaux *dépendant du domaine public*. Ce sont les fleuves et les rivières déclarées navigables ou flottables par un acte de l'administration, et celles dont l'État a la disposition souveraine en vertu de l'article 538 du code civil.

2° Les eaux *communes*, qui ne sont pas du domaine public, et dont on jouit collectivement à raison de leur situation par rapport à un héritage, soit qu'elles bordent, soit qu'elles traversent cet héritage. On use de ces eaux à leur passage, tantôt à des conditions simples, comme celle de les rendre à leur cours après s'en être servi, tantôt à des conditions plus complexes, lorsque le cours d'eau a été l'objet d'une réglementation de la part de l'autorité administrative, soit à cause d'établissements industriels, d'usines, élevés sur les bords du cours d'eau ; soit pour tout autre motif d'intérêt public.

Nous devons faire remarquer en passant que peu de ces cours d'eau sont réglementés jusqu'ici, et que les règlements existants pour un petit nombre d'entre eux ne portent en général que sur la détermination de hauteur des eaux relativement aux usines.

3° Les eaux de propriété *privée*. Ce sont les eaux des sources naturelles ou artificielles jaillissant sur un terrain dont on est propriétaire ; celles qui se trouvent réunies naturellement ou par main d'homme dans des étangs, des réservoirs, des marais dont on est propriétaire.

Toutes ces eaux peuvent être employées à l'irrigation, mais avec plus ou moins de facilité et de commodité, à des conditions plus ou moins restreintes, plus ou moins onéreuses.

On acquiert le droit de disposer des premières en vertu d'une concession de l'autorité administrative, qui ne la fait qu'après avoir examiné les convenances. Il n'y a guère que des compagnies ou de riches particuliers qui demandent des concessions d'eau sur les rivières publiques. Il faut pour cela des travaux d'art, de nivellement et de canalisation qui coûtent très cher. On construit un canal destiné à transporter et distribuer les eaux sur une vaste surface de territoire; on obtient, pour le construire à travers la propriété d'autrui, une déclaration d'utilité publique; en vertu de cette déclaration, le terrain nécessaire au parcours du canal est exproprié moyennant indemnité. (Décret du 13 septembre 1811, lois des 5 avril 1839 et 5 mai 1841.)

Quant aux eaux de la deuxième classe savoir : les cours d'eau non navigables, ni flottables, les petites rivières, les ruisseaux, les torrents, on en jouit comme d'un accessoire à sa propriété. Ce sont les propriétaires riverains qui en usent collectivement. L'Etat ne s'est réservé sur ces eaux que des droits généraux de police ; chacun peut s'en servir à leur passage pour l'irrigation de ses propriétés contiguës, en se conformant aux règlements et usages locaux : et les propriétaires qui possèdent les deux rives du cours d'eau, ou dont la propriété en est traversée, ne rencontrent dans leur jouissance d'autre limite que l'obligation de rendre les eaux à leur lit naturel après s'en être servis, sans toutefois pouvoir les consommer entièrement, ni nuire aux droits des propriétaires inférieurs.

Tous les jours on voit s'élever des contestations entre les riverains d'un cours d'eau, et entre eux et les usiniers, relativement à la jouissance respective des eaux destinées à féconder les prairies et à mettre en mouvement les usines. Ces contestations sont jugées tantôt par les tribunaux, lorsqu'il existe des titres qui établissent un droit exclusif en faveur de tel propriétaire vis-à-vis de tel autre, sur tel ou tel cours d'eau ; tantôt par l'administration, à laquelle appartient, comme nous l'avons dit, la surveillance des cours d'eau, même non navigables ni flottables. Celle-ci intervient dans les contestations, soit d'office, soit sur la réclamation des riverains, et fait des règlements qui déterminent, dans un sens d'intérêt général, les conditions et le mode de jouissance de chaque ayant-droit.

Pour ce qui est des eaux de la troisième classe, savoir les étangs, les réservoirs, les lacs, les sources existant dans un terrain de propriété privée, on y a un droit presqu'absolu. Seulement, le propriétaire du fonds doit respecter vis-à-vis du propriétaire voisin les droits dérivant pour celui-ci de titre ou de prescription. Il ne peut non plus changer le cours des eaux qui pourvoiraient aux besoins d'une commune, d'un hameau ; mais il obtient une indemnité réglée à dire d'experts, quand les habitants de la commune ou du hameau n'ont pas déjà acquis ou prescrit l'usage desdites eaux.

Tel est le régime qui s'applique à la propriété et à la jouissance des eaux en France : il résulte des articles 538, 641, 642, 643, 644 et 645 du Code civil.

Quel degré de latitude ce régime offre-t-il à l'agriculture ?

S'il s'agit de champs contigus à des fleuves ou à des rivières navigables et flottables, il faut obtenir de l'autorité administrative des concessions d'eau dont elle mesure le volume. Ces concessions, pour être utilisées, nécessitent des travaux importants et dispendieux, un grand capital engagé. De plus ces concessions sont révocables.

S'agit-il de fonds attenants à des cours d'eau non navigables ni flottables? tout riverain peut en user sans avoir besoin de concession. Mais, comme nul ne doit appauvrir ni absorber à son profit exclusif une propriété commune, l'administration qui conserve la police de ces eaux et le droit d'en régler l'usage, impose des règlements particuliers et locaux auxquels on est tenu de se soumettre; et, en cas de contravention, on devient passible de peines de simple police, ou de condamnations civiles, selon que le fait du contrevenant a porté atteinte à un intérêt public ou privé.

S'agit-il d'un héritage pourvu d'une source, d'un étang, d'un réservoir ? etc., on peut l'arroser à son gré, mais à la condition qu'on ne fasse aucune opération dommageable au voisin.

Sous ce régime, en apparence libéral, se cachent de grandes restrictions. Il n'y a réellement que les terrains favorisés par la nature ou par leur situation qui puissent être arrosés, ceux pourvus d'une source, d'un réservoir, d'un étang, et ceux bordés ou traversés par une eau courante. Encore le bienfait de l'irrigation ne s'étend-il pas en faveur des propriétaires riverains au delà du fonds contigu au cours d'eau. De nombreuses décisions judiciaires, approuvées par des jurisconsultes éminents, ont établi que, limité au seul champ bordé ou traversé par une eau courante à l'époque où fut promulgué le Code civil, le droit à l'arrosement ne pouvait s'étendre à aucune des annexes qui auraient postérieurement agrandi ce champ.

Ainsi, d'une part, point d'arrosage possible pour qui n'est pas propriétaire d'une source, d'un étang, d'un réservoir, d'un marais, d'un lac, d'une eau quelconque enfin, ou pour qui n'est pas voisin immédiat d'un cours d'eau *commun*. D'autre part, les eaux mêmes dont on a la propriété ou l'usage, on ne peut les utiliser pour l'irrigation de ses terres qu'à la condition que celles-ci se touchent les unes les autres, qu'elles ne soient pas enclavées, qu'elles forment un corps de domaine s'arrondissant, sans solution de continuité, autour de la source ou du cours d'eau dont il s'agit.

On comprend que, sous l'influence d'un pareil régime, presque tous les efforts tentés jusqu'ici pour fertiliser le sol et multiplier les pâturages aient rencontré des obstacles insurmontables. C'est dans le but de lever en partie, ou d'aplanir autant que possible ces obstacles, que la loi de 1845 a été faite. Avant elle, il était vraiment impossible de se livrer à aucune entreprise sérieuse d'arrosage avec quelque chance favorable de la mener à bonne fin. On jugera, par un fait pri entre mille, de la nature des difficultés et des entraves éprouvées par les irrigateurs :

— Un propriétaire député avait entrepris, dans son domaine, une opération d'arrosage tellement considérable, qu'il avait demandé à M. le ministre de la guerre 5 à 600 jeunes chevaux pour les élever au compte du gouvernement, sur les nouveaux pâturages qu'il allait créer. Il commença par arroser sans encombre 50 hectares. Arrivé là, il se trouvait séparé du reste de son domaine par 1 are planté en mauvaise essence de bois, appartenant à un homme de mauvaise humeur. Vainement épuisa-t-il toutes les offres raisonnables, tous les moyens de persuasion, pour triompher de la résistance inattendue du voisin. Ses efforts furent infructueux, et l'opération dut en rester là par le mauvais vouloir, le caprice, l'entêtement ridicule du voisin qui ne voulut jamais souffrir que les eaux d'irrigation traversassent la chétive parcelle de bois qui formait sa propriété. (M. Joly, député de la Haute-Garonne, discussion de la loi sur les irrigations.)

Cependant, malgré le vice capital que nous signalons dans la législation qui régit les eaux en France, il est certaines parties de son territoire fort bien arrosées et qui, sous ce rapport, semblent faire exception à la règle commune. La Provence, le Roussillon, nous offrent le spectacle de cette heureuse anomalie. A quoi est-elle due ? à ce que depuis des siècles ces deux contrées, imitant l'exemple de l'Italie et de la Sardaigne, exposées comme elles à des sécheresses désastreuses, et forcées de corriger les inconvénients du climat par des moyens artificiels, sont en possession de grands ouvrages de canalisation et d'arrosage entrepris en commun par les habitants; ouvrages qui se sont accomplis sous l'empire de chartes féodales et d'édits anciens, et dont l'utilité s'est perpétuée à la faveur de règlements particuliers et d'usages locaux toujours respectés par les usagers dans leur intérêt mutuel, et exceptionnellement maintenus par le code civil et la jurisprudence des tribunaux, dans l'intérêt de l'agriculture, quoique formant disparate avec les règlements et les usages en vigueur dans les autres parties de la France.

Autrefois les princes et seigneurs féodaux, maîtres absolus du sol, disposaient des eaux à leur gré, en réglaient la distribution et la jouissance avec d'autant plus de facilité, qu'alors les terres à arroser n'étaient pas disséminées entre les mains d'une multitude de petits propriétaires, et que les établissements industriels, fort rares à cette époque, ne disputaient guère à l'agriculture la jouissance des eaux. Ces dispensations bienfaisantes ne sauraient être imitées de nos jours, la propriété en France se trouvant subdivisée à l'infini et composant un immense assemblage de petites fractions rivales presque toujours en lutte réciproquement, et d'autre part, l'industrie revendiquant avec énergie la puissance des chutes d'eau comme un de ses éléments de prospérité.

Après les seigneurs, ce furent les parlements qui eurent la haute main sur la règlementation et la distribution des eaux non navigables ni flottables; car, les grands fleuves et les grandes rivières étaient devenus propriété de l'Etat, à mesure que la couronne s'était recomposée, et qu'une puissance publique s'était formée sur les débris du pouvoir féodal.

L'autorité administrative a remplacé les seigneurs et les parlements dans la maîtrise des eaux. A elle seule il appartient de veiller à leur conservation, à leur libre écoulement, à leur équitable distribution. Elle seule peut faire des règlements à cet égard. Les tribunaux n'interviennent que pour l'exécution de ces règlements, ou pour l'interprétation des titres et des usages locaux, dans l'absence de règlements.

Il importe d'observer que, dans les pays exceptionnellement bien arrosés, là où en vertu de chartes et de concessions féodales, de grands travaux de canalisation et d'irrigation se sont effectués à une époque très reculée, le droit d'aqueduc à travers le fonds d'autrui, même sans indemnité, se trouve uniformément établi, et cela se conçoit : la négation d'un pareil droit eût été la négation même du bénéfice des canaux. A quoi eût-il servi de les construire à grands frais, d'y détourner les eaux des fleuves et des rivières, si ce n'eût été en vue de ramifier à l'infini ces grandes artères et de répandre avec libéralité dans les campagnes l'élément fécondant, en sillonnant le sol d'une multitude de conduits, d'aqueducs, de fossés, de rigoles ?

Dès le XVe siècle, les comtes de Provence avaient introduit dans leurs états le droit d'aqueduc. Plus anciennement encore, il fut établi dans le comtat Venaissin, où il s'est toujours conservé. Un arrêt du parlement d'Aix, du 30 mai 1778, consacre expressément dans l'étendue du ressort le même droit. Mais ce qui mérite de surprendre davantage, parce qu'il s'agit d'un pays coutumier tout différent, et où le droit de propriété paraît s'être toujours conservé entier, absolu, n'ayant pas besoin de fléchir devant des exigences de localité et du climat, c'est qu'un arrêt du parlement de Paris, en date de 1695, ait déclaré légitime et praticable comme *servitude naturelle* le droit de conduite des eaux par le fonds d'autrui en faveur des propriétaires de prairies. Voici les termes de cet arrêt célèbre, l'unique dans l'espèce qu'on trouve émané de la première cour judiciaire du royaume. Il est cité par Merlin, dans son répertoire universel. (*Cours d'eau*, § 11.)

« Entre... (suivent les noms des parties) il a » été jugé que le propriétaire d'un pré a droit de con- » duire l'eau nécessaire pour l'arroser, et de la faire » passer sur l'héritage de ses voisins sans avoir besoin » de titre. C'est une servitude naturelle pour l'établis- » sement de laquelle les titres ne sont pas nécessaires, » parce que sans le secours de l'irrigation les prés » seraient stériles, soit à cause du climat, soit par » raison de leur situation. »

Ainsi qu'on le voit, le droit d'aqueduc n'est pas plus nouveau en France qu'en Italie, et n'a rien de contraire aux principes de notre vieille jurisprudence. Cependant il est vrai de dire qu'il n'a jamais formé chez nous le droit commun. Le code civil ne l'a admis ni comme servitude naturelle, ni comme servitude légale, art. 640 et 682. Il n'a existé jusqu'ici qu'exceptionnellement, comme servitude conventionnelle pouvant s'acquérir par titre et par prescription, partout ailleurs que dans les contrées méridionales dont nous parlons. Là, le droit d'aqueduc a été une conséquence des larges travaux d'arrosage entrepris collectivement pour combattre la sécheresse ; il s'y est établi de lui-même par la nature des choses, et a toujours été pratiqué comme un droit réciproque, sans qu'aucune indemnité s'y rattachât, tant l'exercice de ce droit devenait précieux, ou même indispensable à chaque cultivateur.

Maintenant, si l'on veut se faire une idée de la facilité avec laquelle s'opère la distribution des eaux nécessaires à la culture dans les contrées du midi dont nous parlons, de l'excellence des résultats obtenus d'un système général d'arrosage et d'une canalisation opérée en grand, enfin, des bons effets résultant de la pratique mutuelle du droit d'aqueduc, on n'a qu'à interroger les propriétaires les plus influents de ces contrées, ceux qui ont pu vérifier par eux-mêmes le mérite d'un pareil régime. Voici comment s'est exprimé, à cet égard, lors de la discussion de la loi sur les irrigations, M. Parès, député des Pyrénées-Orientales :

« Dans un coin de la France (le Roussillon), il
» existe un système d'arrosage trop peu connu et trop
» peu imité, qui fonctionne avec tant de simplicité qu'il
» est ignoré et ne fait point parler de lui. Il ne le cède
» en rien à ceux de la Lombardie, du Piémont, ni des
» pays les plus avancés. Il prend son origine dans la

» domination arabe, et l'on en retrouve quelques traces » dans les chartes du IXe siècle. Le territoire est sillonné » de 50 canaux d'irrigation, tous créés par des asso- » ciations et des communautés. Chacune d'elles ayant » obtenu du souverain le droit de prendre de l'eau » dans l'un des torrents qui traversent le pays, a établi » son canal sur des propriétés privées, après les avoir » acquises, et se trouve propriétaire du lit du canal.

» Ces canaux ont été créés, non pour l'avantage de » quelques riverains isolés, mais pour celui de vastes » étendues de terrain, et, à une lieue du fleuve, » la propriété est arrosée comme sur ses bords.

» Ces associations, importantes par le nombre des » associés et par les intérêts qu'elles embrassent, » ont des assemblées autorisées où elles s'occupent » de leurs intérêts. Elles nomment des syndics pour » les représenter et faire exécuter leurs règlements, » ainsi que des agents inférieurs pour surveiller les » eaux et tenir la main à ce qu'elles ne soient pas dila- » pidées. Elles ont un code pénal particulier, des » amendes presque toujours payées volontairement.

» Enfin, l'arrosage s'étend sur 16,000 hectares au » moyen de 50 canaux qui ont un développement » de plus de 80 lieues.

» Dans ce pays l'on ne serait pas compris si l'on » demandait à qui appartient le sol du canal. Pour- » quoi? parce que l'eau y coule toujours, hiver et » été, nuit et jour, et qu'en pareil cas le sol ne pour- » rait appartenir aux anciens propriétaires, les seuls » qui n'en jouiraient pas.

» Ces canaux existent depuis mille ans, et le partage
» des eaux qu'ils conduisent n'engendre presque ja-
» mais de contestation entre les nombreux usagers. »

Ce qui se passe au pied des Pyrénées, et sur le littoral de la Méditerranée, eût dû servir d'exemple au reste de la France. Combien n'est-il pas regrettable que de pareilles associations ou communautés d'arroseurs ne se soient pas formées partout à des époques où il aurait été plus facile que maintenant de s'unir, de se concerter pour entreprendre des travaux d'arrosage sur une vaste échelle, d'acquérir à frais communs les terrains nécessaires pour le parcours des nouvelles voies d'eau, et de canaliser ainsi le sol dans l'intérêt combiné de l'agriculture et de l'industrie? De nos jours, malheureusement, les associations sont devenues fort difficiles, surtout dans les campagnes. Le morcellement de la propriété, le respect quasi superstitieux des droits acquis et la crainte de les compromettre en y souffrant la moindre modification, la moindre transformation, quelque avantageuse qu'elle puisse être en définitive, un aveugle antagonisme d'intérêts entretenus par le principe, *chacun chez soi, chacun pour soi*, qui est la règle de conduite des paysans, qui a profondément passé dans leurs mœurs, l'ignorance, la routine, l'indifférence ou même la répulsion pour tout ce qui est amélioration et progrès, quand il faut y concourir au prix du plus léger sacrifice, et que le résultat n'en doit pas être immédiat ou profiter exclusivement à celui qui prend l'initiative, et bien d'autres causes encore sont autant d'obstacles au développement de l'esprit d'association parmi la classe des producteurs agricoles. On ne saurait, à cet égard, fonder quelque espérance prochaine que sur l'union intelligente des grands propriétaires. Leur exemple peut-être serait susceptible d'entraîner la masse; mais, d'un autre côté, les grands propriétaires ont bien moins d'énergie à entreprendre que les petits. D'ailleurs ils sont peu nombreux, disséminés sur la surface du sol, et n'ont entre eux que peu de points de contact; tandis que, pour former l'idée d'entreprises collectives destinées à améliorer le sol et à perfectionner la culture, pour combiner utilement leurs efforts dans ce sens, ils devraient d'abord se trouver en nombre suffisant dans chaque localité, puis avoir des intérêts identiques, double condition qui existe rarement.

De cet état de choses, il résulte qu'une large canalisation, dans l'intérêt de l'agriculture et de l'industrie tout ensemble, ne saurait être l'œuvre ni d'entreprises individuelles, ni d'associations agricoles, si la puissance publique n'intervient avec vigueur pour aider à son accomplissement. C'est à elle qu'il appartient de créer de nouveaux stimulants à l'esprit d'association, de modifier les mœurs, d'ouvrir à l'agriculture de nouveaux débouchés et de nouvelles facilités pour la production, et cela tant par de sages réformes législatives, que par de grands travaux publics exécutés dans les campagnes, et ayant pour objet notamment la conservation des eaux et leur distribution égale entre toutes les parties du territoire. Telles paraissent être

2.

au reste les intentions louables du gouvernement, si l'on en juge par le concours actif que M. le ministre de l'agriculture et du commerce a apporté à la confection de la loi sur les irrigations, et par le langage tenu à la Chambre des Députés, pendant la discussion de cette loi, par M. le ministre des travaux publics, indirectement interpellé sur les projets du gouvernement à l'égard d'une répartition générale des eaux en France :

« Je sais, a-t-il dit, qu'il y a une grande quantité
» d'eaux surabondantes qui se perd aujourd'hui, qui
» est inutile pour l'industrie et qui pourrait être bien
» précieuse pour l'agriculture. Non seulement le gou-
» vernement se propose d'étudier un système général
» pour le meilleur emploi des eaux superflues, mais
» il a le projet de soumettre aux Chambres une pro-
» position qui aura pour effet de réaliser sur une grande
» échelle l'emploi des eaux superflues, et de donner
» ainsi un grand exemple pour une amélioration si
» vivement réclamée par l'agriculture. On soumettra
» prochainement à la chambre un projet de loi con-
» cernant la distribution des eaux de la Neste, cours
» d'eau alimenté par les neiges des Pyrénées et qui
» alimente lui-même toutes les rivières comprises
» entre les Pyrénées et la Garonne.

» L'administration a aussi fait étudier un très grand
» projet qui consiste à créer dans les hautes vallées
» des Pyrénées de grands réservoirs où les eaux seront
» accumulées et distribuées pendant l'été aux cours
» d'eau compris entre les Pyrénées et la Garonne.

» A l'aide de cette distribution d'eaux, on a l'es-
» pérance d'étendre immédiatement les bienfaits de
» l'irrigation sur toute la partie de la vallée de la Ga-
» ronne supérieure à la ville de Toulouse, c'est à dire
» sur une étendue de 60,000 hectares au moins. Si ce
» projet s'accomplit, il sera un premier exemple de
» l'irrigation entreprise en grand, et un encoura-
» gement à tout ce qui pourra être tenté par les
» communes et surtout par l'État.

» Indépendamment de cela, et dans les limites
» étroites des fonds dont il dispose, le gouvernement
» fait étudier dans diverses vallées des projets d'irri-
» gations : un dans la plaine du Forez, un autre dans
» celle de Valence. Il met avec empressement ses in-
» génieurs les plus habiles et ses conducteurs les plus
» expérimentés à la disposition des associations ou
» des villes qui veulent entreprendre de grands sys-
» tèmes d'irrigation. »

En attendant que ces importants projets s'effectuent et ouvrent ainsi la voie à des travaux ultérieurs de sous-répartition des eaux dans chaque localité, aux frais des communes ou de grandes compagnies d'arroseurs semblables à celles qui existent en Provence et dans le Roussillon, la loi de 1845, quoique parcimonieuse et timide en fait de progrès, puisqu'elle n'a pas osé consacrer le droit de barrage, n'en est pas moins un bienfait signalé pour l'agriculture, en ce qu'elle étend considérablement l'usage des eaux actuellement disponibles pour l'agriculture.

En effet, il arrive fort rarement que les lieux soient

disposés de manière à pouvoir arroser avec les eaux mêmes dont on a la propriété ou l'usage, sans un canal d'amenée qui traverse le fonds d'autrui. Soit qu'on ait obtenu de l'État une concession sur une rivière navigable ou flottable, soit que le riverain d'un cours d'eau veuille exercer son droit d'usage, soit que le propriétaire d'une source ou d'un étang veuille en tirer parti pour arroser un terrain un peu éloigné; dans ces divers cas il faudra presque toujours, pour amener l'eau à la surface de sa propriété, ou pour la faire passer d'une parcelle à l'autre, la diriger à travers le domaine d'autrui. Tout le monde sait cela. Or, avant la loi nouvelle, il n'était pas permis d'exercer cette faculté de passage à travers le domaine d'autrui, à moins d'avoir un titre ou une servitude conventionnelle, ou d'obtenir le consentement du voisin, consentement rarement accordé, toujours précaire et révocable, ou de se rendre à grands frais acquéreur du fonds formant l'enclave. Gênés par cette législation, beaucoup de propriétaires ont mis vingt ans à réaliser des améliorations qui auraient pu se faire dans une année. Les plus beaux, les plus utiles projets d'arrosage, venaient échouer contre la résistance ou les prétentions excessives d'un malencontreux voisin. Il en résultait que le droit de propriété ou d'usage des eaux était frappé d'impuissance par le vice de la législation.

C'est à ce mal que la loi de 1845 est venue porter remède.

Permettre d'utiliser efficacement un agent de production trop souvent inutile là où il se rencontre; favoriser à l'avenir les irrigations en donnant à celui qui peut disposer d'une eau quelconque, le droit de la conduire à travers l'héritage d'autrui jusqu'à sa propriété, sans avoir besoin d'acheter le terrain d'autrui pour cela; en d'autres termes, créer dans l'intérêt de l'agriculture, une servitude foncière légale, servitude dont le principe n'est pas nouveau, quoique n'ayant pas été généralement appliqué jusqu'ici : tel est l'objet de la loi; telle a été la pensée qui a présidé à sa confection. D'ailleurs cette loi n'innove en rien sur les droits de propriété ou d'usage des eaux, ni sur les règlements locaux, ni sur l'action de l'administration publique. A part la création d'une servitude facultative d'aqueduc, qui est moins un droit nouveau qu'une extension du droit existant sur telle source, sur telle eau courante ou stagnante, elle ne change rien, ne déplace rien, respecte tous les droits acquis. Droits de l'État, droits privés, propriété et police des eaux, juridictions, compétences, rien n'est changé.

La loi se borne à établir que les propriétaires de terrains irrigables pourront y conduire les eaux dont ils ont la libre disposition à la charge par eux d'indemniser préalablement les maîtres des terrains sur lesquels ces eaux obtiennent passage.

Cette faculté était généralement demandée. Les réclamations chaque année devenaient plus nombreuses. En **1842**, M. le ministre de l'agriculture et du commerce invita les conseils généraux à s'occuper de la question, et les consulta sur la convenance de faire passer sur le fonds d'autrui les eaux nécessaires à l'irrigation. Dans cette première enquête, sur 50 conseils généraux dont les réponses parvinrent au ministre, 35 adhéraient pleinement à l'avis qui leur était soumis, 15 refusaient leur assentiment.

A la fin de mai 1843, la Chambre des Députés fut saisie d'une proposition de loi par M. le comte d'Angeville. Agriculteur distingué, M. d'Angeville avait transformé lui-même en riches pâtures des terrains jusque là demi-stériles par des travaux d'arrosage d'une ingénieuse hardiesse, mais au prix de beaucoup de temps, de patience et de sacrifices. Il voulut aplanir à d'autres les obstacles qu'il avait dû traverser pour arriver à d'aussi bons résultats.

Sa proposition reçut un bon accueil. Une commission de la Chambre l'examina, la modifia dans ses termes. M. d'Angeville avait demandé en faveur des irrigateurs la faculté d'expropriation, comme pour cause d'utilité publique, des terrains d'autrui par où ils se proposeraient de conduire les eaux à leur destination. A ce principe, la commission substitua le bénéfice plus restreint d'un droit de conduite d'eau à travers les fonds intermédiaires, c'est à dire d'un droit de servitude active, sans expropriation, mais ne pouvant s'acquérir que moyennant indemnité.

Avant la discussion du rapport de la commission nommée par la Chambre des Députés, et dans l'intervalle des sessions, M. le ministre du commerce et de l'agriculture fit délibérer sur la proposition d'Angeville, amendée par la commission de la Chambre des Députés,

70 conseils généraux, recueillit 53 avis favorables et 17 avis contraires. Ceux-ci venaient de départements où l'humidité du climat, ou bien le voisinage de la mer, rendait l'irrigation à peu près superflue.

En outre, M. le ministre institua, vers la même époque, une commission spéciale composée de propriétaires influents, d'agronomes distingués et de membres des deux Chambres, pour examiner et débattre toutes les questions que pouvaient soulever les irrigations. Elle se mit à l'œuvre, et se prononça, après un mûr examen, en faveur du système amendé de la commission de la Chambre des Députés, auquel M. d'Angeville s'était d'ailleurs rallié.

C'est après toutes ces épreuves, tous ces travaux préliminaires, que la discussion s'est ouverte à la Chambre des Députés, sur le savant rapport de M. Dalloz. Toute l'économie du projet de loi, tel qu'il émanait du travail de la commission, a été maintenu; seulement, quelques amendements nouveaux l'ont complété en y ajoutant des dispositions accessoires, relatives à l'écoulement des eaux d'arrosage, et de celles qui submergent un terrain.

Modifié et voté dans ces termes par la Chambre des Députés, le projet a passé sans difficulté à la Chambre des Pairs sur le rapport de M. Passy.

Enfin, il est devenu loi de l'État.

Avant d'entrer dans l'examen de la loi nouvelle, il nous paraît indispensable d'offrir un tableau résumé de la législation et de la jurisprudence antérieures avec lesquelles son application doit se combiner.

IV

Tableau résumé de la Législation et de la Jurisprudence qui régissent la propriété et l'usage des eaux dans leurs rapports avec les besoins de l'agriculture.

I. Fleuves, Rivières, Cours d'eaux navigables et flottables, et autres dépendances du Domaine public.

Les chemins, routes et rues à la charge de l'État, les fleuves et les rivières navigables ou flottables, les rivages, lais et relais de la mer, les ports, les hâvres, les rades, et généralement toutes les portions du territoire français qui ne sont pas susceptibles d'une propriété privée, sont considérées comme une dépendance du domaine public. (Art. 538 du Code civil.)

Celui dont la propriété borde une eau courante, *autre que celle qui est déclarée dépendance du domaine public*, par l'art. 538, au titre de la Distinction des biens, peut s'en servir à son passage pour l'irrigation de ses propriétés. (Art. 644 du Code civil.)

De ces deux articles combinés, il résulte que l'irrigation est interdite à tous les riverains des fleuves et des rivières navigables et flottables, même des simples ruisseaux flottables à bûches perdues, dont les eaux sont considérées comme publiques ; de telle sorte que si l'on se permet de détourner la plus légère quantité de ces eaux pour l'irrigation de son héritage, on se place sous le coup des condamnations portées par le Code pénal. Telle est la règle générale; mais il y a exception en faveur des riverains, ou autres, qui obtiennent de l'État, gratuitement ou à titre onéreux, des concessions d'eau sur les fleuves, les rivières et autres dépendances du domaine public.

— D'après les termes de l'art. 3 de la loi du 15 avril 1829, il appartient au roi de déterminer par des ordonnances rendues d'après enquêtes *de commodo et incommodo* quelles sont les parties d'un fleuve qui appartiennent au domaine public; et cela pour prévenir ou résoudre les contestations qui peuvent s'élever sur l'état d'une rivière, sur la question de savoir si elle est, en tout ou en partie, navigable ou non. (Dalloz, Dict. général de jurisprud. t. II, p. 216.)

Pour conserver la navigabilité d'une rivière, l'administration publique pourra, toutes les fois qu'elle le jugera nécessaire, défendre de pratiquer dans sa partie supérieure, même dans les ruisseaux y affluant, les prises d'eau que permet l'art. 644 du Code civil, pour l'irrigation des fonds riverains.

On ne peut établir de barrage, ni de digue avancée sur les rivières navigables et flottables sans l'autorisation du gouvernement. Mais, comme la défense est de droit naturel, les propriétaires riverains ont la faculté de fortifier les bords de leur héritage pour les mettre à l'abri du ravage des eaux. Mais, en faisant ces travaux de défense, ils doivent prendre garde d'apporter aucun obstacle à la navigation ; et, avant de les entreprendre, le plus prudent est de se faire autoriser par l'administration , afin qu'elle prescrive la forme , les dimensions et les conditions des ouvrages à exécuter. Mais, sur son propre fonds et tout à fait en dehors du cours de l'eau, le riverain peut élever à son gré digues et chaussées.

Le gouvernement peut non seulement accorder des concessions partielles, mais encore abandonner la jouissance totale d'une rivière navigable ou flottable; par exemple, dans le cas où la pêche et la navigation ne l'indemniseraient pas des frais d'entretien. Mais cela n'emporte pas aliénation de la propriété. (*Id*. t. II, p. 216 et 217.)

— L'État ne peut vendre, ou concéder à long terme, à des particuliers des eaux dépendant du domaine public que par une loi. Dans la session de 1837, la Chambre des Députés avait adopté sans discussion un projet tendant à autoriser le gouvernement à concéder, pour 99 ans, à titre onéreux, les chutes et prises d'eaux inutiles au service public sur les canaux de navigation appartenant à l'État et sur les rivières canalisées. La Chambre des Pairs alla plus loin et étendit le droit du gouvernement jusqu'aux rivières naturellement navigables. Mais, à la session de 1838, le projet de loi amendé par la Chambre des Pairs souleva une vive opposition dans le sein de la Chambre des Députés. Des orateurs soutinrent qu'une concession, faite pour un temps aussi long, était une véritable aliénation de la part de l'État, qu'il fallait une loi spéciale pour chaque aliénation de ce genre, et qu'on ne pouvait donner au gouvernement l'autorisation générale qu'il demandait. Le projet fut rejeté à une immense majorité, et la Chambre des Députés revint ainsi sur sa première décision. (Garnier, Régime des eaux, t. III, n° 963.)

— *Canaux de navigation intérieure.* — Les canaux de navigation sont la propriété de l'État, ou de la compagnie autorisée à les entreprendre.

Ils sont placés sous la surveillance de l'administration des ponts et chaussées.

Le gouvernement peut toujours, moyennant une juste indemnité, s'emparer des sources et ruisseaux qui peuvent alimenter un canal de navigation, et cela dans les formes d'expropriation prescrites par la loi du 7 juillet 1833.

Il arrive souvent que l'établissement d'un canal public cause des dommages aux propriétaires riverains par les infiltrations qui s'opèrent, et qui vont soit humecter, soit inonder les terres voisines. Les propriétaires de ces terres ont alors droit à une indemnité. (Dalloz, Dict. gén. de jurispr. t. II, p. 217.)

Grands canaux d'irrigation. — Outre les canaux de navigation intérieure, il est des canaux d'irrigation entrepris pour conduire les eaux dérivées d'un fleuve ou d'une rivière vers des lieux qui, quoique situés plus bas, n'en seraient pas arrosés naturellement.

Ces canaux creusés de main d'homme sont construits et entretenus, soit aux frais d'une association de propriétaires directement intéressés à l'irrigation, soit aux frais d'une ou plusieurs communes, soit enfin aux frais d'une compagnie industrielle qui en a fait l'entreprise.

S'ils sont la propriété d'une association de propriétaires irrigateurs, ou d'une ou plusieurs communes, un syndicat nommé par les associés ou par l'administration, quand il s'agit de communes, est établi pour agir dans l'intérêt de la masse. Il surveille l'emploi des eaux, fait réparer et entretenir le canal ; et chaque année, on dresse un état de répartition des frais, de manière que chaque propriété irriguée paie sa cote de contribution.

S'ils sont la propriété d'une compagnie industrielle, celle-ci en exploite la jouissance, vend aux riverains des concessions ou des prises d'eau sur le canal, fixe un prix d'arrosage pour chaque récolte, lequel varie suivant les lieux et est ordinairement plus élevé pour les prairies que pour les terres cultivées en céréales.

Telle est l'administration de ces canaux.

— La compagnie, propriétaire du canal, est tenue de payer l'impôt foncier assis sur son sol, lequel impôt doit être taxé en raison du terrain occupé par le canal, mais comme terre de première qualité dans le lieu de la situation.

Tous les arrosants propriétaires d'un canal d'irrigation doivent contribuer proportionnellement aux frais de construction et d'entretien dudit canal.

Ils ne peuvent refuser de payer le montant de leur quote-part dans la contribution, sous prétexte que la prescription reçue en matière de contribution publique leur serait acquise, parce que les contributions relatives aux cours d'eau et canaux sont placées dans une catégorie toute spéciale et régies par d'autres règles que les contributions publiques.

S'il s'élève des contestations entre une société d'arrosants et un de ses membres, relativement à la quotité des contributions auxquelles ce dernier se trouve imposé pour sa part, elles sont de la compétence des conseils de préfecture. Mais, pour les contestations élevées entre la société et l'un de ses membres relativement au droit même de contribution, alors que le réclamant prétend ne point faire partie de la société, les tribunaux civils sont compétents.

Chaque fonds appelé à profiter de l'irrigation a droit à la prise d'eau, et c'est là un droit de servitude *active* qui lui est dû par le canal.

Si, pour faire la distribution des eaux, il est besoin de recourir à des usages anciens ou à des titres, c'est aux tribunaux qu'appartiennent les contestations auxquelles ce partage peut donner lieu, et le préfet ne peut ordonner une prise d'eau provisoire pendant les débats judiciaires.

Il a été jugé que le gouvernement seul a le droit de décider si des arrosants ont encouru la déchéance de leurs droits, par l'inexécution des conditions qui leur étaient imposées.

Les canaux d'irrigation sont quelquefois d'une telle importance, que leur établissement peut être déclaré objet d'utilité publique, et que les terrains nécessaires à leur parcours peuvent être expropriés; mais, pour l'établissement de tels canaux, il est nécessaire de recourir au pouvoir législatif; loi du 23 pluviôse, an XII. (Dalloz, Dict. gén. de jurisprudence, t. II, p. 218.)

— Une ordonnance royale, du 6 février 1822, autorisa des particuliers à construire un canal d'irrigation dans l'arrondissement de Forcalquier (Basses-Alpes), depuis la Brillanne jusqu'au ravin de Matty. L'art. 8 de l'ordonnance portait :

« Ledit canal est déclaré objet d'utilité publique; » en conséquence, les terrains situés sur la ligne du » canal et sur ses grandes dérivations, ceux qui seront » nécessaires aux emplacements des bassins de dis- » tributions et des berges, ainsi que pour les lignes » de communication du canal avec les terrains infé- » rieurs à arroser, seront acquis par les conces- » sionnaires, et payés par eux, soit conformément » aux arrangements passés de gré à gré entre eux et » les propriétaires, soit en procédant ainsi qu'il est » réglé par la loi du 8 mars 1810 sur les expropria- » tions pour cause d'utilité publique. »

Il s'agissait dans l'espèce d'un canal alimenté par des eaux non navigables ni flottables. A plus forte raison en serait-il de même, s'il était question d'un canal devant s'alimenter à l'aide d'une dérivation ou prise faite aux eaux du domaine public. Dans ce cas, non seulement le gouvernement pourrait déclarer le canal objet d'utilité publique, mais il aurait même le droit de faire cesser la dérivation qui l'alimente, si les besoins du service public venaient à l'exiger. Au surplus, les obligations et les droits respectifs sont toujours réglés en pareil cas par l'acte de concession, qui contient ordinairement la réserve de la part de l'État, de faire dans l'intérêt général toutes nouvelles dispositions sans indemnité. (Garnier, Régime des eaux, t. III, n° 961.)

II. Des petites rivières, ruisseaux, torrents, et en général des cours d'eaux non navigables ni flottables.

Cette classe d'eaux est celle qui est le plus généralement utilisée pour les besoins de l'agriculture, et qui sert en tout lieu aux irrigations, parce que leur usage est mis par le droit commun à la portée de tout le monde. Il importe donc de bien connaître les principes qui en règlent la jouissance.

Les eaux non navigables, ni flottables, appartiennent en *propriété* aux particuliers sur les fonds desquels elles prennent leur source, et, quant à *l'usage*, à ceux dont elles bordent et traversent les héritages (art. 641 et 644 du code civil). Mais la surveillance de ces eaux est trop intimement liée à l'intérêt public pour demeurer étrangère au gouvernement. Aussi l'administration est-elle chargée du soin de faciliter le libre écoulement des eaux, de les diriger vers un but d'utilité générale, et de les tenir à une hauteur qui ne nuise à personne.

—En France, les attributions du pouvoir règlementaire sur les cours d'eaux ont été fixées par les lois des 22 décembre 1789, 20 août 1790, 6 octobre 1791, 14 floréal an XI et 16 décembre 1807, lois auxquelles il faut joindre celles qui définissent les objets confiés aux soins de l'autorité municipale.

Loi du 22 *décembre* 1789, *sect*. 3, *art*. 2. « Les administrations de département sont chargées sous l'autorité et l'inspection du roi, comme chef suprême de l'administration générale du royaume, de veiller... à la conservation des rivières et autres choses communes. »

Loi des 12 — 20 *août* 1790, *chap*. 6. « Les administrations de département doivent rechercher et indiquer les moyens de procurer le libre cours des eaux; d'empêcher que les prairies ne soient submergées par la trop grande élévation des écluses, des moulins, et par les autres ouvrages d'art établis sur les rivières; de diriger enfin autant qu'il sera possible toutes les eaux de leur territoire vers un but d'utilité générale d'après les principes de l'irrigation. »

Loi du 6 *octobre* 1791, *tit*. 2, *art*. 16. « Les propriétaires ou fermiers des moulins et usines construits ou à construire seront garants de tout dommage que les eaux pourraient causer aux chemins, ou aux

» propriétés voisines par la trop grande élévation du » déversoir ou autrement. Ils seront forcés de tenir » les eaux à une hauteur qui ne nuise à personne, » et qui sera fixée par le directoire du département » (aujourd'hui le préfet), d'après l'avis du directoire » de district (le sous-préfet). »

Loi du 14 *floréal an* XI, *art.* 2. « Lorsque l'appli- » cation des anciens règlements, ou l'exécution du » mode consacré par l'usage éprouvera des difficultés, » ou lorsque des changements survenus exigeront des » dispositions nouvelles, il y sera pourvu par le gou- » vernement dans un règlement d'administration » publique, rendu sur la proposition du préfet du » département, de manière à ce que la quotité de la » contribution de chaque imposé soit toujours relative » au degré d'intérêt qu'il aura aux travaux qui de- » vront s'effectuer. »

Loi du 16 *septembre* 1807, *art.* 33. « Lorsqu'il s'agira » de construire des digues contre les fleuves, ri- » vières et torrents navigables ou non, la néces- » sité en sera constatée par le gouvernement et la » dépense supportée par les propriétés protégées » dans la proportion de leur intérêt aux travaux. »

Même loi, art. 34. « Lorsqu'il y aura lieu de pour- » voir aux dépenses d'entretien et de réparation des » mêmes travaux, il sera fait des règlements d'ad- » ministration publique qui fixeront la part contri- » butive de chacun des intéressés; de même s'il s'agit » de levées, barrages, de parties d'écluses, auxquels

» des propriétaires de moulins ou d'usines seraient » intéressés. »

Les lois précédentes règlent les pouvoirs de l'administration proprement dite. La loi du 24 août 1790, tit. 2, art. 3 et suiv., indique les objets de police confiés spécialement à la vigilance et à l'autorité des municipalités. Ce sont : «la propreté, la salubrité, » le bon ordre dans les lieux publics, le soin de » prévenir par des précautions convenables, et celu » de faire cesser par la distribution des secours néces» saires, les accidents et fléaux calamiteux. »

Un décret du 12 messidor an VIII contient le meilleur commentaire de la loi du 24 août 1790, par l'indication qu'il donne des divers objets confiés au préfet de police du département de la Seine, que ce décret investissait désormais de la police municipale de Paris. Voici sur la matière qui nous occupe les dispositions de ce décret :

Art. 22. « Le préfet de police fera observer les règlements sur l'établissement des conduits pour les eaux de pluie et les gouttières. »

Art. 24. « En cas de débordement et de débâcle, il ordonnera les mesures de précaution, tels que déménagement des maisons menacées, rupture de glaces, garage de bateaux. »

Art. 32. « Il fera surveiller spécialement la rivière, les chemins de halage, les ports, quais, berges, gares, estacades ; les coches, galiotes, les établissements qui sont sur la rivière pour les blanchisseries, les passages d'eaux, bacs ; les bains publics, les écoles de natation et les mariniers, ouvriers, arrimeurs, chargeurs, déchargeurs, tireurs de bois, pêcheurs et blanchisseurs, abreuvoirs, puisoirs, fontaines, pompes et porteurs d'eau. »

Art. 34. « Il requerra, quand il y aura lieu, les réparations et l'entretien des voiries et égoûts, des fontaines, regards, aqueducs, conduits. »

D'après ces lois, il appartient à l'administration de déterminer par voie de règlement toutes les mesures propres à assurer le libre écoulement des eaux, et leur distribution dans des vues d'utilité générale : domaine immense qui comprend le droit de régler la direction des rivières, la hauteur des eaux dans les divers bassins, les conditions de l'irrigation, de la construction des usines, des barrages pour la pêche, des digues, des plantations sur les berges, du curage, la prohibition des usages industriels qui corrompent les eaux et nuisent à la salubrité publique, la police du flottage à bûches perdues, des bains, lavoirs et abreuvoirs publics.

Il n'y a pas de ruisseau, si faible qu'il soit, qui ne puisse devenir l'objet d'un règlement administratif, du moment qu'il est sorti du fonds où surgit sa source, et que ses eaux deviennent entre les divers propriétaires dont il traverse l'héritage ou un bien commun, ou une cause d'inconvénients.

Le pouvoir règlementaire sur les eaux réside essentiellement aux mains du roi. Les préfets et les maires ne l'exercent que par démembrement, et pour les portions qui leur ont été déléguées.

Certaines matières sont expressément réservées au

pouvoir royal. Par exemple, d'après la loi du 14 floréal an XI, les règlements relatifs au curage des cours d'eau non navigables; d'après celle du 15 avril 1829, les règlements sur la police de la pêche, et d'après la jurisprudence constante du conseil d'État, les règlements relatifs aux usines. Ainsi, aucun moulin ne peut s'établir sur un cours d'eau sans l'autorisation de l'administration centrale approuvée par le gouvernement, c'est à dire par le roi, sur le rapport du ministre de l'intérieur et d'après l'avis du préfet. Les arrêtés des préfets, concernant l'établissement des usines, sont rédigés sous forme de propositions, et l'ordonnance royale d'autorisation est le seul titre en règle.

Les règlements généraux des préfets pour la police des rivières d'un département, ou pour un cours d'eau pris dans son ensemble, ne peuvent, d'après un avis du conseil d'État du 2 nivôse an XIV, et un avis du comité de l'intérieur du 31 octobre 1817, quoique approuvés par le ministre de l'intérieur, devenir dans ce département obligatoires pour les tribunaux et les particuliers, s'ils n'ont été revêtus préalablement par le roi, en conseil d'État, des formes usitées pour les règlements d'administration publique.

Mais cette règle n'a jamais été suivie rigoureusement, et la cour de cassation a toujours déclaré valables, comme règlements de police, les arrêtés des préfets même non revêtus de l'approbation ministérielle, et cela en se fondant sur les dispositions des lois des 20 et 24 août 1790, et 22 juillet 1791.

Ainsi la cour de cassation a déclaré obligatoires, sous les peines de simple police, de simples arrêtés préfectoraux portant :

1° Règlement pour interdire tout dépôt de décombres sur le bord d'un cours d'eau, même dans l'étendue des propriétés privées, motivé sur ce que les eaux pluviales pourraient entraîner les décombres dans le lit de la rivière, et par suite en empêcher le libre écoulement.

2° Règlement interdisant d'établir aucun barrage, de construire des usines nouvelles, ou de rétablir d'anciennes usines sans autorisation.

Outre le droit de disposer par voie règlementaire sur ces matières, les préfets peuvent, toutes les fois qu'il y a urgence, ordonner de leur chef les mesures nécessaires : par exemple, si un pont menace de s'écrouler ; s'il faut rétablir le libre cours des eaux intercepté par la ruine de quelque digue, etc. Dans tous ces cas et autres semblables, l'exécution de l'arrêté préfectoral peut précéder l'approbation du ministre ; mais à la charge par le préfet de rendre immédiatement compte à son supérieur hiérarchique des mesures de police et de sûreté par lui prises, et sans préjudice du recours des parties intéressées devant le ministre.

Les maires peuvent aussi, pour maintenir la salubrité publique, et prévenir tous accidents calamiteux, pourvoir par des règlements de police au libre écoulement des eaux, et ces règlements doivent être mis à exécution sous les peines de police telles que de droit, nonobstant toute exception de propriété.

Mais les maires ne peuvent pas prendre les mesures nécessaires pour assurer la liberté des irrigations et l'activité des usines, ni faire des règlements locaux déterminant les jours et heures de la prise d'eau, son volume et les travaux nécessaires pour en user. Ce droit n'appartient pas à l'autorité municipale, mais à l'autorité administrative supérieure. Le pouvoir réglementaire des maires a des limites plus étroites que celui des préfets. Les objets confiés à leur surveillance sont spécialement déterminés par les lois, et le soin d'assurer l'irrigation et la marche des usines ne rentre pas dans leur compétence spéciale. Un arrêt de la cour de cassation, du 4 avril 1835, a décidé qu'un maire ne peut fixer la hauteur des eaux d'une usine. (M. Daviel, Traité de la législation et de la pratique des cours d'eau, tom. II, pag. 57 et suiv.)

Compétence spéciale des Préfets sur les cours d'eaux non navigables ni flottables.

— Il appartient aux préfets :

1° De régler entre les propriétaires riverains, dans le silence de leurs titres à cet égard, le mode de jouissance des eaux d'une rivière ou d'un cours d'eau.

Quand ce règlement administratif a été fait, s'il arrive que l'un des riverains prétende que ce règlement ne lui est pas applicable, et qu'il doit jouir des eaux conformément à ses titres, la connaissance de cette prétention, qui contrarie le règlement administratif, est de la compétence de l'autorité administrative, et le tribunal civil devant lequel le déclinatoire est élevé, doit renvoyer devant cette autorité,... alors surtout que celui qui prétend faire prévaloir ses titres sur le règlement a précédemment reconnu la compétence de l'autorité administrative, en lui demandant la modification du règlement.

2° De connaître des oppositions formées par des particuliers contre leurs règlements, mais non pas des contraventions à ces règlements, pour lesquelles ils doivent enjoindre aux maires de poursuivre les contrevenants devant les tribunaux de police.

3° D'homologuer les règlements d'eau proposés par les conseils municipaux, dans l'intérêt général des riverains, et d'approuver les mesures de police et de sûreté prises par les maires relativement aux cours d'eau, sauf, dans les deux cas, le recours au ministre de l'intérieur et ensuite au conseil d'État.

4° De dresser tous règlements d'eau nécessaires dans l'intérêt public et dans celui des propriétaires riverains. Ainsi le propriétaire même dont l'héritage est traversé par un ruisseau peut être soumis à un règlement administratif;

De faire des règlements particuliers sur l'usage des cours d'eau, même sous le rapport de l'irrigation, lorsque ces cours d'eau sont communs à divers propriétaires. Par exemple, ils peuvent fixer les jours et les heures où les riverains de ces cours d'eau pourront en user pour l'irrigation de leurs propriétés.

Il a été jugé que l'arrêté d'un préfet qui fixe la direction d'un cours d'eau entre plusieurs riverains, et qui détermine les jours et heures pendant lesquels chacun des propriétaires pourra s'en servir, est obligatoire, tant qu'il n'a pas été réformé par l'administration supérieure.

5° De régler aussi, dans l'intérêt de l'industrie, l'usage des prises d'eau. En conséquence, lorsqu'un règlement administratif a réglé entre les riverains le mode de jouissance des eaux d'une rivière, le riverain à qui ses titres antérieurs à ce règlement attribuent sur la rivière une prise d'eau, mais sans régler la manière dont ce droit sera exercé, n'est pas fondé à prétendre qu'il ne doit pas être soumis au règlement administratif.

6° D'ordonner le changement des vannes, et de faire des règlements pour interdire la construction des ponts flottants sur les cours d'eau sans autorisation, lorsque ces ponts nuisent au libre écoulement des eaux, et enfin de faire détruire les écluses, chaussées, moulins, et en général tous les travaux non autorisés.

7° De statuer sur les améliorations à apporter au cours des rivières ; sur la réparation des rives et torrents ; sur la conservation ou la suppression des aqueducs qui traversent les routes départementales ; sauf, dans ces trois cas, l'approbation du ministre de l'intérieur.

D'autoriser, sauf la même approbation, la construction d'un aqueduc sur un chemin public.

8° De prescrire toutes les dispositions nécessaires

pour le curage des rivières et canaux, répartir la dépense entre les riverains, et rendre les rôles de répartition exécutoires, sauf le recours de ceux qui se prétendraient lésés au conseil de préfecture.

9° Enfin, de prescrire des mesures propres à faire cesser tout dommage public, tel qu'exhalaison ou interception des eaux au préjudice des communes, et cela sans qu'une vente *nationale* consentie à un particulier, ou une longue possession conforme à ses titres, puissent mettre obstacle à l'exercice de ce droit; et c'est en vain qu'on prétendrait que la question doit être résolue par les tribunaux.

Tels sont les pouvoirs étendus des préfets. Le seul acte d'administration et de police, concernant les rivières non navigables, ni flottables, pour lequel une ordonnance royale soit nécessaire, c'est l'établissement d'un moulin, d'une usine.

Lorsqu'il ne s'agit pas d'un cours d'eau naturel, mais d'un canal de dessèchement construit de main d'homme et qui constitue essentiellement une propriété privée, l'administration est incompétente pour accorder à des tiers aucune autorisation d'usine sur ce canal, comme aussi pour prononcer un sursis à la destruction d'un barrage construit par un particulier sur le même canal.

Dans tous les autres cas, les préfets ont pouvoir suffisant pour agir, sauf l'approbation du ministre de l'intérieur. (Dalloz, Dictionnaire général de jurisprudence, t. II, p. 225 et suiv.)

— Aucun barrage ne peut être construit sur une rivière non navigable, sans une autorisation préalable de l'administration, seule chargée d'assurer la conservation et le libre cours des eaux. Dès lors, est légal l'arrêté d'un préfet qui prescrit la suppression de barrages établis sans autorisation sur une rivière non navigable. (Décision du conseil d'État. — Bonneau contre Pacheteau. — 20 mai 1843. — Journal du Palais, t. VIII, p. 546.)

Le préfet qui, sur les réclamations élevées par les riverains d'un cours d'eau non navigable, à raison de prises d'eau que se sont permis d'autres riverains, délaisse les parties à se pourvoir devant les tribunaux, agit dans les limites de ses attributions, et ses arrêtés, ne faisant point obstacle à l'exercice devant l'autorité compétente des droits qui peuvent appartenir aux intéressés, ne sont pas, non plus que les décisions confirmatives du ministre des travaux publics, susceptibles d'être réformés par le conseil d'État. (Conseil d'État. — Pourvoi de Lenoble et Tripier contre un arrêté préfectoral. — Rejet du 25 avril 1842. — Journal du Palais, t. VIII, p. 328.)

Compétence des Conseils de Préfecture.

— Les conseils de préfecture exercent, relativement aux cours d'eau non navigables, ni flottables, les attributions générales qui leur sont dévolues, comme juges du contentieux de l'administration.

Ainsi, ils statuent, par voie contentieuse, sur les

difficultés qui s'élèvent au sujet des arrêtés par lesquels les préfets ont déterminé la dimension des biez et la hauteur des eaux, toutes les fois que le litige intéresse la généralité des riverains ou la salubrité publique.

Ils connaissent aussi, en vertu de la loi du 14 floréal an XI, ci-dessus mentionnée, de toutes contestations relatives au paiement des dépenses occasionnées par le curage des rivières et des canaux, et par la réparation des digues et autres ouvrages nécessités par le curage ;

Et des contestations entre une société d'arrosants et l'un des associés qui réclame contre sa cotisation qu'il prétend excessive, pourvu toutefois que la qualité d'associé ne soit point contestée par lui ; car, dans ce cas, les tribunaux civils seraient seuls compétents.

Le droit de statuer, après l'homologation des rôles de répartition par le préfet, sur la quotité des taxes des arrosants, appartient aux conseils de préfecture.

Enfin, un arrêté du gouvernement, du 6 nivôse an XI, leur confère, on ne sait à quel titre, le pouvoir de prononcer sur les questions de propriété d'eaux minérales, lorsque le débat s'élève entre l'État et une commune.

Mais les conseils de préfecture ne sont pas compétents pour connaître des infractions aux règlements de police, ni des entreprises sur les cours d'eau non navigables ni flottables. Car ils sont des tribunaux d'exception, et la loi du 29 floréal an X, qui développe celle du 28 pluviôse an VIII, ne leur attribue que la connaissance des contraventions commises sur les canaux, fleuves et rivières navigables, sur leurs chemins de hâlage, francs-bords, fossés et ouvrages d'art. Les anticipations sur les eaux non navigables, ni flottables, appartiennent aux tribunaux civils, ou de police, selon la nature de l'action intentée.

Toutefois, il a été jugé que si une construction a été commencée sans autorisation sur les bords d'un canal non navigable, ce fait constitue une contravention de la compétence des conseils de préfecture qui ont pouvoir pour la réprimer en ordonnant la suspension des travaux.

Et qu'un conseil de préfecture est compétent pour ordonner le comblement d'un fossé fait sans autorisation pour détourner les eaux d'un ruisseau. L'arrêté émané de lui, dans ce cas, ne peut être annulé, bien qu'il renvoie les parties devant l'autorité compétente pour se pourvoir en rétablissement du fossé comblé. (Dalloz, Dictionnaire général de jurisprudence, p. 228 et suiv.)

Compétence des Tribunaux civils.

—Les tribunaux civils connaissent généralement de toute contestation qui a pour objet l'appréciation d'un droit de propriété, d'usage ou de servitude, dans un intérêt privé.

En conséquence ils sont appelés à statuer sur toutes les entreprises faites dans les petites rivières, canaux, ruisseaux, lorsqu'elles portent atteinte à un droit acquis ;

Sur la demande en démolition d'une digue construite par un riverain sur un cours d'eau, au mépris du droit d'un autre riverain ;

Sur les contestations entre meuniers, maîtres de forges ou propriétaires d'autres usines, ou entre usiniers et riverains, ou entre une commune et un particulier, lorsqu'il ne s'agit que d'intérêts privés et de conventions privées ;

Sur les contestations entre riverains à l'occasion du mode d'usage d'un cours d'eau non dépendant du domaine public, sur un droit de prise d'eau dans un ruisseau qui n'est ni navigable ni flottable, et sur toutes les contestations de ce genre d'intérêt privé ;

Sur les questions de propriété, d'usage et de servitude relativement aux sources et fontaines. (Ordonnance du 2 juillet 1821.)

Sur la demande qu'un particulier intente contre une commune, pour être maintenu dans la propriété d'un ruisseau ayant source dans le terrain communal et qui lui a été concédé par un ci-devant seigneur ;

Sur la propriété et la possession des eaux thermales, lorsque le débat s'élève entre une commune et un particulier, ou entre l'État et un particulier ;

Sur la priorité de jouissance des eaux entre plusieurs arrosants, soit d'après l'acte de concession, soit d'après les usages existants, et sur la contestation soulevée entre une société d'arrosants et un propriétaire qui prétend n'en pas faire partie, encore que cette société ait été autorisée par l'administration, ainsi que sur toutes les difficultés qui dépendent de l'examen du contrat de société, de faits d'exécution et d'acquiescement au contrat.

Il a été jugé que, quoiqu'un droit d'arrosage sur une rivière appartenant à une commune, ait été fixé par un règlement, arrêté par une délibération du conseil municipal homologuée par le préfet, les contestations qui s'élèvent à l'égard de la jouissance de ce droit, fondées sur des titres ou règlements antérieurs, sont de la compétence des tribunaux civils, alors surtout que le préfet a mis dans son arrêté d'homologation, qu'en cas de contestation sur l'exécution de ce règlement, les parties seraient renvoyées à se pourvoir devant qui il appartiendrait ;

Jugé aussi que, lorsqu'il ne s'agit pas d'un règlement général pour des usines, mais d'une simple autorisation de faire sur une rivière non navigable, ni flottable, une prise d'eau pour l'irrigation des prés, ou pour l'usage d'un moulin, et qu'il y a des oppositions à cette autorisation fondées sur des titres de propriété, l'appréciation de ces titres est du ressort des tribunaux, et doit précéder toute décision administrative. (Dalloz, Dictionnaire général de jurisprudence, tom. II, pag. 228 et suiv.)

Compétence des Tribunaux de Police.

Les infractions aux règlements relatifs aux cours d'eau non navigables, ni flottables, sont de la compétence des tribunaux, et non de celle de l'autorité administrative.

Les contraventions à un règlement d'eau pris par l'administration doivent être réprimées par les tribunaux de police. (Art. 471, code pénal; 137 et suivant, code d'instruction crim.)

Diversité des règlements en matière de cours d'eau, leur degré d'autorité, leurs mutations.

— Les anciennes coutumes locales, quoique abrogées sur tant de points par le code civil, ont conservé l'autorité de règlements locaux pour l'usage et la police des eaux, en tout ce qui n'est pas de nature à faire revivre les principes de l'ancienne féodalité. Il en est de même des arrêts de règlement, des ordonnances de police et d'autres actes de même nature, émanés des autorités investies avant 1789 de l'administration locale. (Art. 645, cod. civ.)

Un règlement administratif peut toujours être abrogé par un nouveau règlement, et n'a pas, sous ce rapport, le caractère d'un arrêt judiciaire. Mais, lorsque l'application plus ou moins longue d'un règlement a conféré des droits privés; que, sur cette base, des errements ont eu lieu entre les parties, que des jugements ont été prononcés; dans ce cas, le règlement ne peut plus être modifié dans des intérêts purement privés.

Lorsqu'un particulier veut obtenir la réformation d'un ancien règlement ou usage local, ou d'un arrêté du préfet ou du maire, ce n'est pas par voie contentieuse qu'il doit se pourvoir, mais par voie de pétition au roi qui, comme dépositaire suprême du pouvoir règlementaire, peut seul apprécier s'il y a lieu de substituer un mode nouveau à l'ancien règlement.

Sur certains cours d'eau, des ordonnances royales, pour prévenir tout conflit entre les propriétaires d'usines et les propriétaires de prairies, ont réglé tout ce qui tient aux époques et au mode de l'irrigation, et un syndicat électif mi-parti de propriétaires d'usines et de propriétaires de prairies a été institué pour veiller à l'exécution du règlement. Les gardes champêtres et les autres agents ordinaires de surveillance ne suffisant pas aux besoins du service, les mêmes ordonnances ont institué des gardes-rivières. La difficulté est de pourvoir aux salaires de ces gardes et à quelques dépenses accessoires.

Les ordonnances royales portent que « la somme
» fixée pour la dépense annuelle sera réunie au moyen
» d'un rôle où seront compris tous les propriétaires
» de prairies qui profitent des irrigations, des mou-
» lins, usines et autres établissements industriels éta-
» blis sur le cours de la rivière; que les propriétaires
» de prairies contribueront au marc le franc des con-
» tributions directes payées par les prairies, et ceux
» d'usines au marc le franc des impositions payées par
» leurs usines et de la quotité de leurs patentes; que
» ce rôle établi par les soins de la commission syndi-
» cale et du directeur des contributions directes sera
» rendu exécutoire par le préfet, et que les percep-

» teurs seront chargés d'en faire le recouvrement par » toutes les voies usitées en matière de contributions » directes. »

Ces règlements sont fondés sur les lois des 14 floréal an X et 16 septembre 1807. Mais leur légalité n'est pas à l'abri de toute controverse. Il est sans doute loisible au gouvernement d'instituer, pour la police des rivières, des gardes généraux et particuliers en tel nombre qu'il lui plaît. Il peut leur conférer aussi le droit d'attestation pour la rédaction de leurs procès-verbaux et la poursuite des contraventions. Mais, quant aux rétributions ou émoluments attachés à leurs fonctions, c'est à lui d'y pourvoir, soit en réunissant les nouveaux employés au personnel de la direction des eaux et forêts, soit de toute autre manière. Que s'il juge équitable de faire peser les charges de cette surveillance sur les propriétés qui en profitent, son devoir est d'en présenter la proposition aux Chambres pour la faire convertir en loi. Hors les cas et conditions déterminés par les lois, toute taxe devient illégale. Les riverains de quelques cours d'eau se sont pourvus avec fruit devant le conseil d'État contre des ordonnances qui les assujettissaient à des taxes semblables. Cependant il faut des gardes spéciaux pour les rivières. Dans la Seine-Inférieure, la perception de cet impôt, malgré son irrégularité, n'a jamais rencontré de résistance. (Daviel, Traité de la législation et de la pratique des cours d'eau, tom. II, pag. 84 et suiv.)

— Il n'appartient qu'au roi, en conseil d'État, d'imposer, lorsqu'il y a lieu, des taxes pour l'entretien ou la conservation des ouvrages destinés, soit à faciliter le libre écoulement des eaux, soit à défendre les propriétés. En conséquence, est illégal l'arrêté d'un préfet, même approuvé par le ministre, qui impose aux riverains d'un canal l'obligation de contribuer au paiement d'un garde chargé de sa surveillance. (Décision du conseil d'État sur pourvoi des arrosants de la *Crau*, contre un arrêté du préfet des Bouches-du-Rhône. — 23 août 1843. — Journal du Palais, tom. VIII, pag. 653.)

— Les fermiers d'usines alimentées par un canal artificiel, qui sert également à l'irrigation des terrains qu'il traverse, sont sans droit pour avoir des gardes surveillants dudit canal dans tout son parcours sur un arrondissement, et, par suite, le sous-préfet peut refuser d'agréer ceux qu'ils ont nommés.

Les syndics de l'association des propriétaires, ayant droit aux eaux pour l'irrigation de leurs terrains, ont qualité pour intervenir devant le conseil d'État sur le pourvoi formé par les fermiers contre la décision qui rejette les nominations de gardes qu'ils ont faites.

L'art. 4 de la loi du 20 messidor an III, et l'art. 40 du code du 3 brumaire an IV, n'attribuent qu'aux propriétaires seuls le droit d'avoir et de nommer des gardes particuliers. (Conseil d'État. — Rejet de pourvoi contre un arrêté de sous-préfet; — Maiffredy et Cornillon, contre les arrosants de la Crau. — 23 août 1843. — Journal du Palais, tom. VIII, pag. 651.)

Règles d'après lesquelles il faut se diriger pour l'exercice des droits concédés aux riverains par l'art. 644 du Code civil.

— 1. Les propriétaires de prairies et les propriétaires d'usines se disputent trop souvent l'usage des eaux. Deux systèmes absolus sont en présence. D'une part, on soutient que l'eau appartient aux moulins et aux usines ; que là où le droit d'irrigation n'est pas autorisé par les usages locaux, les propriétaires d'usines peuvent s'opposer à toute prise d'eau pour l'irrigation, et que les préfets n'en peuvent autoriser aucune. D'autre part, on argumente de la loi en forme d'instruction du 6 août 1790, qui ne parle que de l'irrigation, et de l'art. 645 du code civil qui ne stipule que les intérêts de l'agriculture.

Erreur des deux parts. — Propriétaires de prairies, propriétaires d'usines, tous peuvent réclamer droit à l'usage des eaux. Ni les uns ni les autres n'ont reçu les cours d'eau en apanage exclusif. S'ils procurent l'abondance à la terre, ils présentent à l'industrie le secours d'une force motrice.

Suivant l'étendue des terrains arrosables et les nécessités locales, il faut déterminer les jours et heures d'irrigation, et pendant ce temps, tous les ayans-droit à l'usage des eaux, devront successivement arroser leurs prairies, de manière qu'à l'expiration du temps fixé l'eau soit partout rendue à la rivière. Si les arrosants pouvaient prendre l'eau sans ordre, arbitrairement, un jour celui-ci, un jour celui-là, le cours d'eau, alternativement épuisé par les uns et par les autres, ne présenterait jamais aux propriétaires de moulins un volume constant et continu, et ceux-ci seraient exposés, ou à de continuels chômages, ou à de capricieuses alternatives dans la force motrice dont ils peuvent disposer; au lieu que, si les temps consacrés à l'irrigation sont fixés et limités, les propriétaires d'usines, sachant sur quoi compter, peuvent ordonner régulièrement les travaux de leurs ateliers.

Quelle que soit d'ailleurs l'autorité qui fasse le règlement dans la répartition des eaux courantes entre les riverains pour l'arrosement de leurs fonds, on doit prendre en considération l'étendue de ces fonds.

2. Le riverain, qui dérive les eaux pour l'irrigation de son fonds, doit disposer ses rigoles de réversion de manière à ramener dans le lit de la rivière, ou sur le fonds du riverain immédiatement inférieur, toute l'eau que sa prairie n'a pas absorbée. Il ne peut la jeter dans des bétoires, ou la perdre dans des marécages trop bas, pour qu'elle puisse être rendue à son cours ordinaire. Cette condition de rendre l'eau à son cours après s'en être servi est la condition essentielle de l'exercice du droit.

Partout où par la disposition des lieux cette condition ne pourrait être accomplie, le droit ne saurait s'exercer, et toute disposition qui consommerait les eaux en pure perte doit être sévèrement prohibée.

3. Les concessions faites à un non-riverain, par des propriétaires riverains, ne seraient valables qu'autant que le silence gardé par tous les autres, pendant le temps

nécessaire pour la prescription, les aurait ainsi ratifiées. Car, dans la rigueur des principes, il faut, à cet égard, le consentement de tous ceux qui ont un droit exclusif par la situation de leurs héritages à profiter des eaux.

4. Dans quels cas un non-riverain peut-il arroser?

1° Lorsque son fonds a fait antérieurement partie d'un domaine traversé par le cours d'eau, et qu'il a été séparé de ce domaine par vente, donation, échange ou partage entre cohéritiers, sans que le droit à l'usage des eaux lui ait été retiré par ces actes de mutation.

2° Lorsque, d'après la destination du père de famille, des rigoles existaient sur toute l'étendue de l'héritage maintenant divisé.

3° Lorsque, par prescription, un non-riverain a conquis le droit de dériver les eaux d'une rivière, et que la conduite d'eau a été signalée à ceux qui étaient intéressés à la contredire par des signes caractéristiques, sans qu'il y ait eu contradiction de leur part.

4° Mais il ne suffirait pas d'avoir reçu, pendant longues années, l'égoût d'une prairie riveraine, quand même cet égoût aurait converti votre fonds en prairie.

La prescription commence du jour de la terminaison d'ouvrages apparents sur le fonds riverain, ou sur le bord même de la rivière, afin d'en dériver les eaux.

5. Celui qui possède les deux rives d'un cours d'eau peut établir au travers un barrage pour élever les eaux dans les jours consacrés à l'irrigation, et les faire entrer dans les rigoles nourricières. Il n'est pas besoin

d'une autorisation administrative pour exercer ce droit. Mais les préfets peuvent, même dans l'absence de règlements prohibitifs, faire enlever les barrages qui feraient obstacle au libre cours des eaux et pourraient causer quelque inondation.

6. Le simple riverain doit se pourvoir de l'autorisation, du préfet pour établir un simple barrage d'irrigation uqec, pour le dire en passant, constitue une exigence assez dispendieuse; car, l'autorisation n'intervient qu'après visite des ingénieurs des ponts et chaussées. Mais il faut se conformer aux règlements, même pour l'exercice d'un droit établi par la loi.

Cependant, sur les cours d'eau qui ne sont pas sujets à s'enfler extraordinairement, et dont le cours toujours bien réglé ne cause pas de perpétuelles craintes de désastre, l'administration ne devrait pas introduire, comme à plaisir, dans les règlements, des dispositions onéreuses aux particuliers et sans aucune utilité pour le public.

Le reflux occasionné par le barrage ne peut pas dépasser la limite de l'héritage de celui qui l'établit; car, s'il en résultait quelque inondation pour les héritages supérieurs, quelque *remous* sous les roues des usines en amont, un dommage quelconque pour autrui, le propriétaire du barrage en serait responsable, sans pouvoir trouver excuse dans la nécessité d'agir ainsi pour arroser.

Celui qui ne possède qu'une rive ne peut, sans le consentement du propriétaire de la rive opposée, appuyer un barrage ou batardeau sur le terrain de celui-ci. Il ne peut même établir son barrage sur la moitié du lit dont il est réputé propriétaire, si, par là, il rejetait les eaux d'une manière dommageable vers la rive opposée.

7. Si le propriétaire d'une usine établie sur un ruisseau a traité avec le propriétaire d'une des sources qui l'alimentent, afin de s'assurer qu'aucune direction contraire ne sera donnée aux eaux, le contrat lui sert bien de titre contre le propriétaire de la source pour empêcher de sa part tout détournement, mais non contre les propriétaires des héritages situés entre l'usine et le fonds où naît la source pour les empêcher de se servir des eaux pour arroser leurs prairies. Aussitôt que les eaux ont quitté le fond où elles prennent naissance, le droit absolu du propriétaire sur les eaux a cessé. Ce qui était une fontaine, un ruisseau privé, devient un ruisseau commun, et les droits de tous ceux dont le ruisseau borde ou traverse les héritages prennent naissance immédiatement. Le propriétaire de la source ne peut donc faire aucune concession utile sur ces eaux, du moment où elles ont quitté sa propriété. Seulement, il peut s'interdire à lui-même la faculté de donner aux eaux une autre direction que celle qu'elles ont eue jusqu'à présent à l'issue de son héritage. C'est dans ce sens qu'on interprètera la concession par lui faite à l'usinier. En dehors du fonds où naît la source, les droits de tous les propriétaires inférieurs sont égaux et ne peuvent être modifiés par la concession dont il s'agit.

Pareillement, le propriétaire immédiatement inférieur au fonds où naît la source ne pourrait pas obtenir du propriétaire de la source une meilleure condition que les autres. La concession se réduirait toujours à son égard à un consentement de ne pas détourner les eaux à son préjudice, mais sans lui donner à lui-même le droit de les retenir ni d'en disposer d'une manière absolue.

En vain dirait-on que si le propriétaire de la source joignait à son domaine l'héritage inférieur, il pourrait sur cet héritage aussi, disposer à son gré des eaux de la source. Il n'y a pas identité entre ce cas et le précédent. On ne peut raisonner de deux propriétés réparties entre des mains distinctes, comme si elles ne faisaient qu'une seule et même propriété. Le droit de disposition absolue n'appartient qu'au propriétaire de la source, et il ne peut transmettre ce droit qu'avec la propriété où elle prend naissance. A l'issue de son héritage, le cours d'eau est forcé et tous les riverains ont à en user des droits égaux.

8. Lorsque le propriétaire d'un héritage traversé par un cours d'eau a aliéné une usine située dans la partie inférieure de son domaine et mise en activité par le cours d'eau, peut-il détourner les eaux pour l'irrigation de ses terres au détriment de l'usine qu'il a vendue?

Il faut d'abord bien considérer les clauses du contrat et l'état des choses au moment de la vente.

Si, au moment de la vente, les terres situées au

dessus de l'usine étaient en nature de prairie, l'irrigation devra continuer comme par le passé. L'acquéreur a contracté manifestement en vue de cet état de choses.

Mais il y a plus de difficulté pour le cas où, après la vente de l'usine, les terrains, auparavant en toute autre nature, viendraient à être convertis en prés. Cependant, à moins de stipulation prohibitive résultant du contrat, ou à moins de prohibition tacite résultant du régime de l'usine à laquelle tout le volume de la rivière aurait été de tout temps continuellement consacré, il faudrait décider que le droit de profiter des eaux pour l'irrigation est une faculté naturelle qui ne peut être paralysée, pourvu que son exercice se combine avec celui du droit du propriétaire de l'usine au moyen d'un règlement équitable; car le vendeur de l'usine ne peut non plus porter aucune atteinte fâcheuse à l'existence de l'établissement qu'il a vendu.

9. Sur de petites rivières, dont les eaux sont précieusement utilisées pour l'industrie agricole et manufacturière, s'est élevée la question de savoir si c'est contrevenir aux règlements qui prohibent l'irrigation au delà de certains jours, que de prendre de l'eau, pour arroser les jardins, à l'aide de pompes à la main, de seaux, ou d'autres moyens de cette espèce?

Il est certain que les règlements de police, relatifs à l'irrigation, n'ont disposé qu'en vue de l'introduction des eaux sur les prairies, à l'aide d'écluses qui les font passer en nappes sur le sol, ou à l'aide de rigoles nourricières qui humectent la terre par infiltration ; et qu'ils ne s'appliquent qu'aux arrosements à grande eau. Puiser de l'eau à bras dans une rivière est une faculté non prohibée par les règlements de police, sans quoi il y aurait contravention dans le fait d'avoir puisé quelques seaux d'eau pour arroser un jardin : ce qui n'a jamais été admis.

Cependant, si par ces petits moyens l'eau était puisée avec excès et de manière à diminuer notablement le volume du ruisseau au préjudice des usines inférieures, les propriétaires de celles-ci auraient une action répressive, fondée, non sur la violation des règlements de police, mais sur l'art. 1382 du code civil. (Daviel, Législation et pratique des cours d'eau, t. II, pag. 103 à 119.)

— Le propriétaire riverain d'un cours d'eau non navigable, ni flottable, peut faire au bord de son héritage tous travaux de protection et de défense contre les inondations. Si ces ouvrages s'avançaient dans le lit de la rivière, les propriétaires de la rive opposée, qui en éprouveraient un préjudice actuel, pourraient en demander la destruction ; et, si le préjudice était éventuel, ils pourraient seulement exiger un cautionnement d'indemnité de la part du constructeur. Dans ce cas, c'est aux tribunaux qu'appartient la répression de ces anticipations faites sur le cours d'eau.

Le propriétaire riverain a le droit de faire dans la rivière un barrage pour faciliter l'irrigation, pourvu toutefois que ce barrage ne nuise à aucun intérêt, ni ne porte préjudice à personne, et que les règlements administratifs ne contiennent pas de prohibition à cet égard [1].

Dans le cas où il est intervenu entre les propriétaires riverains des conventions pour régler l'usage des eaux, ces conventions ont entre leurs auteurs force obligatoire, mais sans pouvoir préjudicier à des tiers ni aux droits de l'administration. (Dalloz, Dictionnaire général de jurisprudence, t. II, pag. 219.)

— Le lit d'un cours d'eau commun étant mitoyen, un riverain peut, comme dans le cas de mitoyenneté d'un mur, pousser des ouvrages au delà de la ligne du milieu du cours d'eau, mais sans les appuyer sur le fonds du riverain opposé.

Les eaux pluviales, quoique réunies dans un canal fait de main d'homme, ne sont pas des eaux courantes dans le sens de l'article 644 du code civil. Conséquemment, les riverains de ces eaux, ou ceux dont elles traversent les héritages, ne sont pas obligés, après en avoir usé, de les rendre à leur cours ordinaire. L'usage des eaux pluviales appartient au premier occupant et n'est réglé par aucune loi.

Bien que l'eau courante ne soit pas considérée comme propriété privée, le lit des rivières non navigables, ni flottables, est regardé comme appartenant aux riverains. C'est une propriété commune, mitoyenne entre les propriétaires des deux rives. Mais des titres ou

[1] Le plus sûr, pour éviter toute difficulté et toute contestation à l'occasion d'un barrage qu'on se propose d'établir sur un cours d'eau, est, dans tous les cas, d'obtenir l'autorisation préalable de l'administration publique et le consentement des voisins.

une possession contraire peuvent attribuer à un seul la propriété de la totalité du lit.

Celui dont la propriété borde une eau courante peut en diminuer considérablement le volume en s'en servant à son passage pour l'irrigation de ses fonds, sans que le propriétaire inférieur puisse se plaindre lorsque le supérieur rend cette eau à son cours naturel à la sortie de sa propriété.

Lorsqu'une rivière non navigable a changé de cours, les anciens propriétaires riverains qui avaient le droit de prendre de l'eau dans le premier lit n'ont pas conservé ce même droit dans le nouveau, s'ils ne sont pas riverains de celui-ci; et ils ne peuvent construire sur le lit abandonné, lequel appartient aux propriétaires des fonds nouvellement occupés par la rivière, des ouvrages destinés à conduire les eaux sur leurs propriétés.

Le riverain d'un cours d'eau peut se servir de l'eau pour sa profession, par exemple, s'il est tanneur, teinturier. Un tel usage en absorbe moins que l'irriation d'une prai rie.

Un riverain ne pourrait, sans le consentement de ses co-riverains, céder à un tiers non riverain le droit d'employer les eaux à son propre usage. Mais le tiers peut acquérir ce droit, soit par prescription, soit en vertu de l'usage des lieux.

Le riverain qui acquiert de nouveaux fonds, contigus à ceux qui jouissaient des droits d'irrigation, n'a pas le droit de prendre pour leur usage un volume plus considérable d'eau que précédemment, s'il en résultait préjudice pour les autres riverains.

Les propriétaires du lit d'un ruisseau qui borde deux héritages, peuvent, s'ils *agissent d'accord*, disposer des eaux comme ils l'entendent, sans autre obligation que de les rendre à leur cours naturel, au point où leurs terres cessent de border le ruisseau de chaque côté. Ils ont sur ces eaux les mêmes droits qu'aurait celui dont elles traverseraient la propriété. Ainsi, ils peuvent faire de concert sur le ruisseau tous les ouvrages ayant pour effet de leur faciliter l'usage de l'eau, bien que par là ils en diminuent le volume, et qu'ils en ralentissent le cours au préjudice des propriétaires inférieurs. Pourquoi ? parce que les droits du propriétaire traversé par une eau courante sont plus étendus que celui du propriétaire bordé.

Mais les tribunaux doivent apprécier, conformément à l'art. 645 du code civil, si le propriétaire traversé n'absorbe point une trop grande quantité d'eau.

La disposition du code civil, d'après laquelle les riverains d'un cours d'eau peuvent en user, ne fait pas obstacle à ce que, en vertu de conventions entre les riverains, les eaux servent, au moyen de canaux, à l'irrigation de propriétés fort éloignées du lit de la rivière ou du cours d'eau.

Celui dont les fonds sont traversés par un canal *creusé de main d'homme* pour l'utilité d'un moulin voisin appartenant à autrui, peut être forcé de supprimer les ouvrages qu'il a faits pour user de l'eau de ce canal, lorsqu'ils nuisent à la jouissance du moulin, alors surtout qu'il est établi que les lieux, tels qu'ils étaient avant la construction des ouvrages, se trouvaient ainsi disposés par destination du père de famille. L'on ne peut appliquer dans ce cas les dispositions de l'art. 644 du code civil.

Quoiqu'un particulier qui a sur sa propriété un cours d'eau artificiel, tel que le canal d'un moulin, soit exclusivement propriétaire du canal, son droit ne va pas jusqu'à interdire aux riverains sur les eaux de ce canal la faculté de satisfaire aux besoins de l'homme, l'exercice des lavages, puisages et abreuvages; lorsque d'ailleurs il n'en résulte aucun préjudice pour le moulin. — Cependant c'est un point controversé.

Lorsqu'il existe sur la répartition des eaux un règlement d'administration publique, les tribunaux doivent en faire l'application.

La prohibition faite aux tribunaux par l'art. 645 du code civil, d'apporter des changements aux règlements locaux sur l'usage des eaux, s'entend seulement des règlements administratifs, et non des règlements conventionnels qui peuvent toujours être interprétés par les tribunaux comme toutes autres conventions.

Les coutumes, quoique abrogées, peuvent avoir aussi autorité de règlements locaux pour l'usage des eaux, sauf en ce qui touche les attributions des anciens pouvoirs que notre nouveau droit public a renversés. (Dalloz, Dictionnaire général de Jurisprudence, tome IV, pag. 355 et 356.)

— Un propriétaire riverain perd-il par le non-usage de 30 ans, le droit de dériver les eaux pour l'irrigation de sa propriété?

En thèse générale, non. Car ce droit résultant de la nature des choses subsiste par sa seule vertu et avec tous ses accessoires. Sans cesse il se renouvelle et se retrempe à la source immuable dont il découle. « Le » cours des eaux est de droit public, dit Cochin dans » une de ses consultations, et l'on ne prescrit pas » contre le droit de ceux à qui les eaux appartien- » nent dans l'ordre de la nature. »

Mais, si un propriétaire riverain d'un cours d'eau, se préparant à convertir son champ labourable en prairie, creusait une rigole pour l'arroser, et que le propriétaire d'une autre prairie ou d'une usine inférieure lui fît défense de continuer ce travail, en s'arrêtant devant une pareille défense, il s'exposerait à voir périr son droit par la prescription, parce qu'à partir de ce moment le non-usage de son droit semblerait un acquiescement à la prétention exclusive du voisin. (Daviel, Législation et pratique des cours d'eau, tom. II pag. 103 et suiv.)

III. Eaux de propriété privée.

Nous avons déjà eu occasion de signaler cette classe d'eaux : ce sont les sources, les marais, les étangs, les lacs, les réservoirs faisant partie d'une propriété privée. Sur ces eaux on a un droit presque absolu, qui n'est limité ou modifié que par des conventions, des nécessités naturelles, des faits de possession contraire acquis à autrui ; des dispositions légales, ou des dispositions règlementaires d'intérêt public.

— Lors de la discussion de l'art. 641 du code civil, il fut question au conseil d'État de n'accorder au propriétaire d'une source, que le droit de s'en servir comme premier occupant, à la charge d'en transmettre les eaux aux fonds voisins. Mais le droit d'en disposer à son gré, de la couper, de la garder entière, d'en changer la direction, prévalut.

Cependant le droit du propriétaire d'une source ne s'étend pas jusqu'à forcer les propriétaires inférieurs de recevoir les eaux dont il a changé le cours, et qu'ils n'auraient pas eu à recevoir sans ce changement.

Si un propriétaire autre que celui sur le fonds duquel jaillit la source, trouvait dans son propre fonds une veine de cette même source, il pourrait la couper et faire jaillir les eaux sur son héritage.

Le possesseur immémorial d'une source ne peut s'opposer à des fouilles sur le fonds voisin, s'il n'a titre suffisant, ou qu'il n'ait prescrit spécialement contre le droit de fouille.

Le droit concédé par l'art. 641 du code civil reçoit exception dans trois cas : s'il y a titre ou destination du père de famille établissant un droit contraire; s'il y a prescription dans le même sens ; enfin si l'eau est nécessaire aux habitants d'une commune, d'un village, d'un hameau.

Le propriétaire qui concède à autrui un droit de prise d'eau sur une source, un étang, une eau quelconque à lui appartenant ne peut pas ensuite, pour les besoins de son propre fonds, absorber une plus grande quantité d'eau que celle dont il usait au moment de la concession, à moins que les eaux ainsi réduites ne fussent encore suffisantes pour les besoins du concessionnaire.

A son tour, le concessionnaire ne peut, sans le consentement du propriétaire, user de l'eau concédée pour un autre fonds que le sien, ni sous-concéder son droit à un tiers.

Toutefois, la stipulation dans l'acte de vente d'une usine et d'une prise d'eau, ainsi que de la faculté de faire à l'usine toutes les augmentations que l'acquéreur jugerait convenables, lui donne le droit d'augmenter proportionnellement le volume d'eau nécessaire au mouvement de l'usine.

Si le propriétaire d'un domaine faisant corps avec un moulin, un canal, et avec les eaux qui font mouvoir le moulin n'a, en aliénant ce moulin, vendu que l'eau *limitativement nécessaire* pour son jeu, l'acquéreur peut être déclaré sans droit pour user des eaux autrement que jusqu'à concurrence du service du moulin, et se voir condamné à détruire tel canal par lui pratiqué pour dériver les eaux.

Le propriétaire d'une source, pourvu qu'il satisfasse aux besoins de la commune, du village, ou du hameau ayant droit d'usage sur les eaux de cette source, en vertu de l'art. 643 du code civil, conserve d'ailleurs la faculté d'user des eaux comme il l'entend, et sans que les fonds intermédiaires acquièrent aucun droit à l'occasion de celui d'usage exercé par la commune; car celle-ci n'est pas toujours, et n'a pas besoin d'être immédiatement voisine du fonds où jaillit la source pour profiter de ses eaux.

Que s'il s'élève des contestations pour savoir si telle collection d'individus, ou de feux, forme une commune, un village, ou un hameau, la décision du cas appartient à l'autorité administrative.

Un individu ne peut réclamer le droit de puiser de l'eau dans une fontaine privée, ni d'y abreuver ses bestiaux, ou d'y laver la lessive, sous le prétexte fictif que ces divers droits sont exercés de temps immémorial dans cette fontaine, par les habitants de la commune dont il fait partie; surtout lorsque sa réclamation loin d'être soutenue par la commune paraît avoir été délaissée.

Le propriétaire d'une source, ou d'un étang, ne peut faire des eaux un usage insalubre, les employer par exemple à cette classe d'établissements qui doivent être autorisés par l'administration. (Dalloz, Dictionnaire général de Jurisprudence, tome IV, pag. 353 et 354.)

IV. Servitudes relatives aux eaux.

Ces servitudes dérivent ou de la situation naturelle des lieux, ou des obligations imposées par la loi [1],

[1] Dans le nombre des servitudes légales déjà existantes, il faudra comprendre désormais le droit d'aqueduc établi par la loi de 1845 ; jusqu'ici le droit d'aqueduc ne figurait que parmi les servitudes conventionnelles.

ou des conventions entre les propriétaires. (Art. 639 du code civil.)

— Le propriétaire inférieur ne peut réclamer contre la servitude de recevoir les eaux découlant naturellement du fonds supérieur, en résultât-il un préjudice pour son héritage ; et il ne lui est dû aucune indemnité pour cela, personne ne répondant des effets de la nature.

Les tribunaux ne peuvent même pas , pour diminuer le dommage éprouvé par le propriétaire inférieur, faire changer, sans indemnité envers le propriétaire supérieur, la direction naturelle des eaux, en divisant, par exemple, ou concentrant leur écoulement. Le principe contraire prêterait trop à l'arbitraire.

C'est chose jugée qu'il n'existe pas de servitude légale pour les eaux ménagères et l'égoût des toits.

Le propriétaire inférieur ne serait pas tenu non plus de recevoir les eaux d'une fontaine nouvellement ouverte, si l'ouverture était due à des travaux du propriétaire supérieur.

Le propriétaire supérieur a le droit de diriger par des ouvrages l'écoulement naturel des eaux, dans le sens le plus convenable à la culture de son héritage, lors même qu'il en résulterait quelque dommage pour le propriétaire inférieur. Ce droit est subordonné à une utilité réelle qu'apprécieront les tribunaux. L'art. 640 du code civil n'interdit que les travaux qui ont pour but de faire tomber sur un fonds des eaux qui n'y coulaient pas naturellement.

Il appartient aussi aux tribunaux de décider, dans

l'intérêt de la culture, combiné avec le respect dû à la propriété, entre plusieurs propriétaires inférieurs, lequel doit recevoir les eaux découlant du fonds supérieur.

L'art. 640 du code civil n'établit pas un droit, mais une obligation pour le propriétaire inférieur; d'où il suit que le propriétaire supérieur peut user à son gré des eaux formant l'accessoire de son héritage, et les retenir au besoin, pourvu qu'il n'en fasse pas un usage insalubre.

L'art. 640 du code civil ne peut autoriser le propriétaire inférieur à demander la suppression des ouvrages pratiqués par un propriétaire supérieur dans le but de faciliter l'écoulement des eaux, s'il est constant en fait que ces ouvrages, en maintenant les eaux dans leur cours naturel, n'ont pas aggravé la servitude du fonds inférieur.

La démolition des ouvrages nuisibles au fonds inférieur est aux frais du propriétaire supérieur qui en profite. C'est lui qui, dans le doute, est présumé l'auteur des ouvrages. Si l'ouvrage émanait d'un tiers, le propriétaire supérieur ne serait tenu que de laisser démolir.

Le propriétaire supérieur ne peut convertir son champ en étang, ni forcer le voisin à recevoir la totalité ou le superflu des eaux, si tel n'était pas auparavant leur écoulement naturel. Car l'art. 640 n'impose au propriétaire qu'une servitude indépendante du fait de l'homme.

La prescription du droit de se servir de l'eau née

dans le fonds supérieur, ne peut s'acquérir que par une jouissance non interrompue pendant *trente* années, à compter du moment où le propriétaire du fonds inférieur a fait et terminé des ouvrages apparents, destinés à faciliter la chute et le cours de l'eau dans sa propriété.

Jugé que, quoiqu'il n'ait été fait sur le fonds supérieur aucun ouvrage apparent, pour recevoir une source qui de ce fonds vient se rendre dans un canal sur le fonds inférieur, il suffit que le propriétaire de ce dernier ait la possession annale des eaux du canal, et ce, en vertu de titres qui n'aient rien de précaire (titres que le juge a le droit d'apprécier pour déterminer le caractère de la possession), pour qu'il soit fondé à s'opposer, par action possessoire, aux fouilles ou travaux faits sur le fonds supérieur dans l'objet de détourner la source.

Sous la coutume de Normandie, la possession immémoriale que des propriétaires ont eue d'usines établies sur une rivière non navigable ni flottable, traversant leurs propriétés, ne leur a pas donné le droit de s'opposer à ce qu'un particulier, sur le fonds duquel jaillit une source considérable qui vient se jeter dans cette rivière, change à son gré le cours de la source, ladite coutume n'admettant pas de prescriptions de ce genre contre le droit du propriétaire de la source. Ils ne peuvent non plus prétendre à un droit de co-propriété sur la source, sous prétexte qu'elle devrait être considérée comme accessoire de la rivière.

L'art. 642 du code civil, qui exige, pour la prescription du droit d'amener l'eau du fonds supérieur sur le fonds inférieur, la possession trentenaire, ne s'applique point à la servitude de puisage ou de prise d'eau, parce qu'étant discontinue, celle-ci ne peut s'acquérir par prescription. On maintiendrait cependant une servitude de ce genre acquise par la possession avant le code civil. Ainsi, sous la coutume de Normandie, la servitude de prise d'eau pouvait s'établir par la destination du père de famille ; il n'était pas nécessaire qu'elle résultât d'un titre.

Jugé qu'il suffit qu'un canal *souterrain*, conduisant l'eau du fonds supérieur où elle jaillit au fonds inférieur, ait été construit de main d'homme, et qu'il soit reconnu que ce canal, *apparent à l'entrée* du fonds inférieur, n'a pu y être construit que dans la vue d'introduire les eaux dans le fonds inférieur, pour que la possession de ce canal puisse servir de base à la prescription, sans qu'il soit nécessaire de prouver qu'il a été construit par le propriétaire du fonds inférieur ou par ses auteurs... Et il suffit que ce dernier ait, dans ce cas, allégué une possession immémoriale, non contredite par son adversaire, pour qu'il ait pu être maintenu définitivement dans la possession de la servitude.

Jugé aussi que l'importance des ouvrages apparents exigés pour fonder la prescription en matière de cours d'eau, s'apprécie d'après le fonds pour lequel ils sont faits. Ainsi, une rigole ou tranchée pratiquée sur le fonds supérieur, et suffisante à l'irrigation de la prairie pour laquelle elle est pratiquée, est un ouvrage *apparent* dans le sens de l'art. 642 du code civil.

Jugé qu'en cas de contestation entre le propriétaire d'un fonds sur lequel naît une source, et le propriétaire du fonds inférieur qui a acquis par prescription le droit de jouir des eaux de cette source, lesquelles arrivent sur son terrain au moyen de rigoles, un tribunal a pu, dans l'intérêt de la propriété, décider que ce droit était une servitude, dont le propriétaire inférieur devait continuer d'user à *telles époques* et pendant *tel nombre de jours* qu'il serait convenu amiablement ou à dire d'experts, sans que de là résulte une atteinte au droit de servitude, une restriction de ce droit, ni une violation des art. **641**, **645** et **2219** du code civil.

Si le fonds supérieur est séparé du fonds inférieur par un héritage, les eaux ne peuvent traverser cet héritage qu'au moyen d'une servitude conventionnelle d'aqueduc, et être dirigées que vers la partie du sol qui les comporte aisément.

Si le fonds sur lequel jaillit la source est séparé par un héritage intermédiaire du fonds auquel est due la prise d'eau, et qu'il y ait eu convention pour une servitude d'aqueduc avec le propriétaire de cet héritage, ce dernier ne peut se servir de l'eau qui passe chez lui sans le consentement des deux voisins.

Celui qui a une servitude d'aqueduc sur un fonds autre que celui d'où naît la source qui sert à l'alimenter, a le droit de faire passer dans les canaux de l'aqueduc toute l'eau qu'ils peuvent contenir, encore bien que partie de cette eau provienne de l'adjonction d'une autre source que celle existante lors de la création de la servitude, en ayant soin pourtant de tenir les eaux au même niveau, lors de leur entrée dans l'aqueduc, et en prenant toutes les précautions pour garantir de tout dommage la propriété traversée par le canal.

Quoiqu'il ait été stipulé entre co-partageants, que des prairies, objet d'un partage, continueraient d'être arrosées comme par le passé, et qu'il ne pourrait être fait aucun changement aux rigoles et fossés servant à conduire les eaux, celui sur le fonds duquel se trouve l'aqueduc, peut le déplacer s'il trouve un avantage à cela, alors qu'il n'en résulte aucun préjudice pour celui qui se plaint de ce changement.

La servitude d'aqueduc établie sur un fonds autre que celui sur lequel prend naissance la source par laquelle il est alimenté, cesse quand la source vient à tarir, mais n'est pas éteinte et peut revivre avec la source. (Art. 704 du code civil.)

Pour prescrire un droit de conduite d'eau, il n'est pas nécessaire que le fonds qu'elle intéresse soit immédiatement inférieur au fonds dans lequel naît la source. La séparation par un héritage intermédiaire n'y met pas obstacle. Il serait injuste que des usines construites sur la foi d'une longue jouissance des eaux, fussent pour leur exploitation à la merci du propriétaire de la source.

Les ouvrages qui servent de base à la servitude doivent être apparents. Des canaux ou tuyaux souterrains suffiraient cependant, s'ils avaient sur le fonds supérieur des regards qui en rendissent l'existence patente.

Les ouvrages doivent-ils être construits sur le fonds supérieur ou sur le fonds inférieur? La loi ne distingue pas, et lors de sa confection le tribunal substitua à dessein le mot *apparent* au mot *extérieur*.

Le propriétaire supérieur peut empêcher tous les vingt-neuf ans la prescription, par une simple sommation annonçant au voisin qu'il n'acquerra aucun droit par suite des ouvrages pratiqués. Cette sommation suffit comme acte conservatoire, et le propriétaire de la source n'a pas besoin d'en changer le cours pour empêcher la prescription de s'accomplir au profit du propriétaire inférieur.

L'effet de la prescription acquise est d'obliger le propriétaire supérieur à se conduire de manière à ne pas priver les inférieurs des eaux de la source, mais non de lui en interdire à lui-même un usage large et équitable. (Dalloz, Dictionnaire général de Jurisprudence, t. IV, p. 352 et suiv.)

— La servitude d'aqueduc, d'après la définition de la loi romaine, consiste dans le droit de faire passer l'eau par le fonds d'autrui (*jus ducendi aquam per fundum alienum*), soit pour la conduire à un autre fonds qui doit en profiter, soit pour en débarrasser celui qui en est incommodé.

On distingue les aqueducs, en aqueducs publics et aqueducs privés, selon qu'ils ont été construits dans un but d'utilité générale ou d'utilité particulière.

On les distingue aussi en aqueducs apparents et aqueducs souterrains, selon leur emplacement et leur mode de construction. Ceux d'Arceuil, Bucq et autrefois Marly près Versailles, sont des aqueducs publics et apparents. Ils sont construits à travers des vallées et des fondrières, et dans leur composition entrent des trumeaux, des arcades, des tuyaux. Ceux de Roquencourt, Belleville, prés Saint-Gervais, sont des aqueducs publics et souterrains. Ils sont établis dans l'intérieur de la terre, à travers des montagnes et des plaines, bâtis ordinairement de pierres de taille et de moellon, et couverts de voûtes ou de pierres plates qu'on appelle dalles ; ces dalles mettent l'eau à l'abri du soleil.

Il n'existe dans notre législation aucune disposition qui régisse les aqueducs. Cette partie de la propriété publique ou privée est soumise à des règlements particuliers. Il n'est question du mot aqueduc ni dans le répertoire de MM. Merlin et Favard, ni dans beaucoup d'autres ouvrages de jurisprudence.

Le plus souvent on tient le droit d'aqueduc d'une convention spéciale, vente ou échange, de la destination du père de famille, d'un acte de libéralité, testament, donation. Il peut aussi s'établir par prescription.

Quelquefois on puise le droit d'aqueduc dans des motifs d'utilité publique. C'est ainsi que des compagnies concessionnaires obtiennent l'expropriation des terrains privés nécessaires pour le parcours d'un grand canal d'irrigation destiné à fertiliser tout un territoire, et que les canaux d'irrigation, quoique dans le domaine privé, sont considérés comme d'utilité publique et placés comme tels sous la surveillance de l'autorité administrative pour tout ce qui tient au mode de construction, réparation et curage.

L'État, les départements, les communes peuvent concéder à titre onéreux un droit de prise d'eau à une fontaine, à une rivière, à un aqueduc faisant partie de leur domaine, et celui de faire passer l'eau dérivée au travers d'un terrain, même d'une voie publique dont ils ont la propriété, en observant les formalités prescrites par nos lois pour les aliénations des choses immobilières qui leur appartiennent. Tous les jours ces choses sont vendues; une rue, une place publique, une rivière, une fontaine, peuvent être supprimées comme cessant d'être utiles au public.

Les communes doivent être autorisées pour consentir des aliénations semblables, par ordonnance du roi, ou par décision du préfet, rendue en conseil de préfecture.

Les départements ne peuvent aliéner que sur délibération des conseils départementaux, et en vertu d'une ordonnance royale, lorsque la valeur de la chose excède 20,000 fr.; au dessous de ce chiffre, une décision du préfet en conseil de préfecture suffit.

Mais l'État ne peut vendre que par une loi.

Les concessions faites par l'État, à titre gratuit, comme celle d'une prise d'eau sur une rivière publique à un riverain, sont révocables.

Mais, quand l'aliénation a été précédée des formalités voulues par la loi, elle ne peut être révoquée, même pour cause d'utilité publique, que par voie d'expropriation forcée et avec indemnité préalable.

Il arrive souvent que les départements, les communes , permettent à des riverains d'utiliser les eaux qui coulent sur la voie publique, ou qui proviennent de fontaines, de rivières publiques. De pareilles autorisations, ordinairement gratuites, ou ne stipulant du concessionnaire qu'une légère redevance annuelle, ne sont assujetties à aucune formalité. Elles sont toujours précaires, dans l'intention même des parties.

Le droit de dériver une eau quelconque au travers du fonds d'autrui est une servitude réelle et continue. L'existence du canal, quoique l'eau n'y coule pas toujours , la rend continue.

Le droit d'aqueduc, comme servitude, se perd par le non-usage pendant trente ans.

Il est transmissible. Ainsi, lorsqu'un droit d'aqueduc est dû à un héritage que l'on vend, ce droit, lors même qu'on n'en aurait pas encore usé, ainsi que les canaux servant à l'exercer, se trouvent compris dans la vente, quoiqu'il n'en ait pas été fait mention, et que les canaux soient placés en dehors de l'héritage vendu.

En cas de vente à divers, et de morcellement d'un héritage auquel est dû le droit d'aqueduc, la répartition des eaux faite par le vendeur entre les diverses parties de son héritage, doit être respectée comme destination du père de famille. Et si le vendeur n'avait jamais usé de l'eau pour telle partie de son héritage, parce qu'elle ne lui était pas nécessaire, l'acquéreur de cette partie ne pourrait réclamer le droit d'aqueduc.

Si, d'après l'art. 700 du code civil, tous les co-propriétaires d'un héritage auxquels un droit de passage sur le fonds d'autrui est dû, sont tenus d'exercer la servitude par le même endroit, sans pouvoir établir sur le fonds servant autant de passages qu'il y a de parties dans l'héritage dominant, il faut reconnaître par analogie qu'il ne pourra être établi plusieurs aqueducs, et que tous les possesseurs d'un héritage partagé seront tenus de prendre l'eau par la direction qui la conduisait antérieurement à ce même héritage, lorsqu'il n'avait qu'un propriétaire.

Supposons que trois fonds contigus appartiennent à différents propriétaires. Celui du fonds le plus bas a acquis du plus élevé une prise d'eau, et il s'est fait concéder en outre du propriétaire du fonds intermédiaire le droit de conduire l'eau à travers sa propriété. Il a exercé constamment cette faculté d'aqueduc au profit de son héritage inférieur. Plus tard, il achète le fonds le plus élevé et vend le plus bas. L'acquéreur de ce dernier perd-il le droit d'aqueduc par cette interversion de rôles? Non; quoique l'héritage traversé par l'eau appartienne à un tiers, le droit d'aqueduc n'en subsiste pas moins au profit du fonds vendu. Que si, au lieu d'acheter la totalité du fonds inférieur, on n'en achète qu'une partie, conserve-t-on pour cette partie le bénéfice du droit d'aqueduc? Oui, pour être exercé, relativement à la partie acquise, de la même manière que le vendeur l'a toujours fait.

Quand on est devenu concessionnaire d'un droit d'aqueduc sur le fonds d'autrui, comment l'exerce-t-on ?

En général, on ne choisira pas des édifices, des vignes, des pépinières, pour faire passer l'eau. Il faudra établir l'aqueduc à l'endroit le moins dommageable et le moins cultivé.

Le propriétaire du fonds asservi pourra, en vertu de l'art. 701 du code civil, demander que l'aqueduc soit changé de place, lorsque l'exercice par l'endroit assigné lui deviendra trop onéreux, et qu'il offre d'ailleurs au créancier de la servitude un emplacement plus commode.

Tous les travaux nécessités par l'établissement et l'entretien de l'aqueduc sont à la charge de celui auquel il est dû. C'est à lui de creuser le canal, d'établir ses tuyaux sur le fonds asservi, de faire tous les frais de curage, de réparation et d'entretien.

Il arrive assez souvent qu'un aqueduc traverse une longue suite d'héritages, comme dans les pays du midi. Là, il y a communauté. En général, chacun des propriétaires est obligé à la construction, à l'entretien et au curage sur son fonds. Les propriétaires en société pour l'usage des eaux, nomment des syndics chargés de veiller à la conservation de leurs droits et à l'exécution des travaux nécessaires.

Quelquefois aussi le gouvernement fait à des compagnies concession du droit d'établir des aqueducs pour cause d'utilité publique. Les indemnités à payer aux propriétaires expropriés de partie de leurs terrains, les travaux d'établissement et d'entretien du canal et de ses branches sont à leur charge. Mais ils s'en remboursent avec bénéfice, en vendant aux différents propriétaires l'usage de l'eau qui traverse leurs héritages [1].

Si l'un des co-usagers d'un aqueduc néglige les travaux à sa charge, les autres peuvent se faire autoriser à les exécuter à ses frais.

Le propriétaire du fonds asservi peut aussi se faire autoriser à l'exécution des travaux nécessaires, si l'état de l'aqueduc l'exposait à souffrir des dommages.

Les membres d'une association d'arrosage qui ont soutenu et gagné un procès contre l'association, ne peuvent être tenus de contribuer aux frais de ce procès.

Jugé en cassation que, lorsque une association d'arrosage a été formée et des syndics nommés, les poursuites relatives à la commune jouissance des eaux appartiennent aux syndics seuls.

En vertu de l'art. 696 du code civil, le créancier de la servitude d'aqueduc a droit de réparer, nettoyer le canal, d'avoir des deux côtés un passage qu'on appelle ordinairement franc-bord, à l'effet d'inspecter et surveiller la prise, le cours de l'eau et l'état du canal,

[1] Tels sont le canal de *Craponne* dérivant sur la *Crau* les eaux de la Durance, et le canal récemment entrepris par *M. Marc* dans le département de la Haute-Garonne pour fertiliser 3000 arpents de plaine, en y dérivant les eaux de cette rivière, etc.

et pour y déposer pierres, sable, matériaux, boues provenant du curage.

Il peut même passer sur les terres du fonds servant pour faire quelques réparations tendant à la conservation de la servitude, mais en usant modérément de cette faculté.

Il peut abaisser ou élever le lit du canal où l'eau coule pour sa commodité, mais sans porter préjudice à personne.

Il a le droit de faire rétablir le canal, d'en approcher le plus près possible, lui et ses ouvriers, pour les réparations utiles, d'avoir un passage assez étendu à droite et à gauche du canal, et de déposer sur les bords, terre, limon, pierre, sable, etc.

Quelquefois il suffit, pour l'exercice du droit d'aqueduc, d'un simple ruisseau ou fossé en terre. D'autres fois il faut un canal garni de pierres, de bois, brique ou fonte, couvert ou découvert, creusé plus ou moins profondément; ou l'établissement d'un tuyau formé de l'une de ces matières, qu'on place sur la surface du sol ou qu'on enfonce. Dans tout cela on suit les convenances, les nécessités d'irrigation, les usages locaux ; et les tribunaux doivent s'attacher à concilier les intérêts respectifs.

En cas de croisement d'aqueducs, il faut des conduits disposés au dessus ou au dessous du lit du canal primitif. Dans certaines circonstances, un pont devient nécessaire pour l'établissement du deuxième aqueduc. (Garnier, Régime des Eaux, t. III, n°s 954 et suiv. jusqu'à 1008.)

V.

Texte de la Loi sur les Irrigations, publiée dans le Bulletin des Lois sous la date du 29 *avril* 1845.

Art. 1. Tout propriétaire qui voudra se servir, pour l'irrigation de ses propriétés, des eaux naturelles ou artificielles dont il a le droit de disposer, pourra obtenir le passage de ces eaux sur les fonds intermédiaires, à la charge d'une juste et préalable indemnité.

Sont exceptés de cette servitude les maisons, cours, jardins, parcs et enclos attenant aux habitations.

Art. 2. Les propriétaires des fonds inférieurs devront recevoir les eaux qui s'écouleront des terrains ainsi arrosés, sauf l'indemnité qui pourra leur être due.

Seront également exceptés de cette servitude les maisons, cours, jardins, parcs et enclos attenant aux habitations.

Art. 3. La même faculté de passage sur les fonds intermédiaires pourra être accordée au propriétaire d'un terrain submergé, en tout ou en partie, à l'effet de procurer aux eaux nuisibles leur écoulement.

Art. 4. Les contestations auxquelles pourront donner lieu l'établissement de la servitude, la fixation du parcours de la conduite d'eau, de ses dimensions et de sa forme, et les indemnités dues soit au propriétaire du fonds traversé, soit à celui qui recevra l'écoulement des eaux, seront portées devant les tribunaux qui, en prononçant, devront concilier l'intérêt de l'opération avec le respect dû à la propriété.

Il sera procédé devant les tribunaux comme en matière sommaire, et s'il y a lieu à expertise, il pourra n'être nommé qu'un seul expert.

Art. 5. Il n'est aucunement dérogé par les présentes aux lois qui règlent la police des eaux.

COMMENTAIRE.

Article 1.

Tout *propriétaire*, qui voudra se servir pour l'irrigation de ses propriétés, des eaux *naturelles ou artificielles dont il a le droit de disposer*, *pourra obtenir le passage de ces eaux sur les fonds intermédiaires à la charge d'une juste et préalable indemnité.*

Sont exceptés de cette servitude les *maisons, cours, jardins, parcs et enclos*, attenant aux habitations.

Tout propriétaire. — La faculté nouvelle créée par la loi s'étend-elle, par voie d'analogie, à l'usufruitier, quoique le texte soit muet à son égard ? sans aucun doute. En effet, d'après l'art. 597 du Code civil, l'usufruitier « jouit des droits de servitude, de passage et généralement de tous les droits du propriétaire, comme le propriétaire lui-même. » Or, il s'agit ici précisément d'un droit nouveau de passage appliqué aux eaux, pareil à celui résultant de l'art.

682 du code civil, en faveur du propriétaire enclavé. La parité est évidente, et l'enclave, dans les deux cas, engendrera par conséquent les mêmes effets. L'usufruitier pourra, tout comme le propriétaire, et dans les mêmes circonstances que lui, obtenir une conduite d'eau à travers le fonds du voisin. Mais dans le cas de contestation, de procès avec ce dernier, l'usufruitier devra seul en faire les frais, et ne pourra obliger le propriétaire à plaider en son nom ou conjointement avec lui pour l'établissement de l'aqueduc dont s'agit. En outre, il supportera seul les frais de l'indemnité préalable due au voisin, ceux de construction et d'entretien des ouvrages nécessaires pour l'exercice du droit d'aqueduc. A la cessation de l'usufruit, il ne pourra répéter aucune de ces impenses contre le propriétaire, bien qu'elles aient considérablement amélioré le fonds. Car ces impenses étaient facultatives pour l'usufruitier ; il pouvait à la rigueur s'en abstenir, et en les faisant, il est censé avoir eu en vue plutôt l'accroissement de sa jouissance actuelle, qu'un intérêt d'avenir pour l'héritage amélioré et pour son propriétaire. Tout cela résulte des art. 599 et 613 du code civil. Cependant, n'est-il pas contraire à l'équité que l'usufruitier ne puisse tirer tout le parti convenable du fonds dont il a la jouissance, sans être forcé de s'engager dans des travaux et des frais dispendieux dont il ne trouvera pas la compensation dans la durée courte, ou incertaine de son usufruit? Pour parer à cet inconvénient, il sera sage de la part de l'usufruitier de s'entendre à l'amiable,

toutes les fois qu'il le pourra, avec le nu-propriétaire, avant l'exercice du droit de conduite d'eau sur le fonds d'autrui; et en lui représentant l'avantage commun devant résulter d'un canal d'amenée pratiqué à l'effet d'arroser le fonds sujet à usufruit, il tâchera de le déterminer à supporter une partie des frais de l'opération.

Naturelles ou *artificielles.* — Il faut entendre par là les eaux réunies par un effet de la nature ou de l'art dans un lieu, dans un espace quelconque, soit qu'il s'agisse d'eaux courantes ou stagnantes. Les eaux de source, de fontaine, les eaux rassemblées par les pluies dans un bas-fonds, sont des eaux naturelles; les eaux obtenues par le sondage, ou puits artésien, celles dérivées des fleuves ou des rivières dans un canal construit de main d'homme, celles retenues par des digues, barrages ou chaussées, sont des eaux artificielles dans le sens de la loi.

Dont il a le droit de disposer.—Il existe, comme nous l'avons dit précédemment, trois classes d'eaux dont on peut avoir la disposition à divers titres, savoir : 1° à titre de *propriétaire*, ce sont les eaux jaillissantes, les eaux rassemblées dans des étangs, des réservoirs, des marais, des lacs, sur un terrain dont on est propriétaire; 2° à titre d'*usager*, ce sont les eaux des petites rivières, des cours d'eau formés par la nature, des ruisseaux, des torrents qui ne sont ni navigables ni flottables, et qui bordent ou traversent le terrain dont on est propriétaire; 3° à titre de *concessionnaire*, ce sont les eaux qu'on obtient de l'État la permission de dériver des fleuves ou des rivières navigables et flottables, dans l'intérêt de l'agriculture ou de l'industrie. La loi nouvelle s'applique à ces trois classes d'eaux, mais sans toucher aux règles du code civil qui déterminent les conditions et les limites dans lesquelles on peut jouir de chacune, excepté qu'elle étend leur usage à l'irrigation de fonds non contigus à la source, à l'étang, au canal, au cours d'eau. La loi n'ajoute rien au volume d'eau qui appartient à l'irrigateur ; elle lui concède seulement un droit de passage sur le fonds d'autrui pour l'arrosement d'un fonds situé plus loin. Ainsi, le riverain qui a 2 hectares sur le bord d'une rivière ou d'un cours d'eau *commun*, et qui, en vertu de la loi nouvelle, se proposerait d'arroser 100 hectares placés à 5 ou 600 mètres du cours d'eau, ne pourra y conduire que la quantité d'eau afférente à la petite portion de terrain contiguë au cours d'eau. Ainsi le veut l'art. 644 du code civil, et c'est de toute justice vis à vis des riverains inférieurs ayant des droits égaux sur le cours d'eau, et qu'il ne faut pas appauvrir. De plus, l'irrigateur en question ne peut profiter des eaux pour l'arrosement des 100 hectares non contigus, qu'à la charge de les rendre à leur cours après s'en être servi, obligation de droit étroit qui pèse sur tous les usagers d'un cours d'eau commun. Mais, dira-t-on, que devient alors le bénéfice de la loi nouvelle ? Elle ne confère au riverain qu'un droit impuissant et à peu près nul. Celui qui ne possédera que 2 hectares sur les bords d'une eau courante, et qui ne pourra disposer, pour leur arrosement, que de 2 hectolitres, par exemple, n'ira pas chercher à répartir cette minime quantité d'eau, dont il n'est après tout que dépositaire, sur les 100 hectares qu'il possède un peu plus loin, ni entreprendre pour cela les frais dispendieux d'un aqueduc à travers le fonds d'autrui. C'est vrai; mais l'hypothèse extrême dans laquelle nous nous sommes placés n'a eu pour but que de rendre plus sensible cette vérité, que la loi nouvelle ne modifie en rien les droits existants sur la propriété et l'usage des eaux propres à l'agriculture. Cette hypothèse n'est pas assurément la plus commune. Fort souvent il arrive qu'on possède une propriété assez étendue sur le bord d'un cours d'eau, et à quelque distance, une autre de moindre superficie qui a besoin d'être arrosée comme la première, et qui pourrait utiliser avantageusement les eaux qui ont servi à l'irrigation de celle-ci. Fort souvent aussi, l'eau coule tellement abondante qu'elle suffit amplement et au delà à tous les besoins des riverains, qu'il s'en perd même de grandes quantités, faute d'emploi. Dans la pratique, le libre usage des eaux ne reçoit guère de limite qu'occasionnellement et sur les réclamations des riverains inférieurs et des propriétaires d'usines. Là où il y a surabondance d'eau, la loi nouvelle est un bienfait, en ce qu'elle permet au riverain d'utiliser le superflu de son contingent pour fertiliser des terrains d'un voisinage médiat. Là où cet agent de fécondité se trouve moins libéralement répandu par la nature, et où la part qui en revient à chaque intéressé doit être rigoureusement mesurée, il est évident que la loi nouvelle n'aura pas d'application. D'ailleurs, cette loi n'est pas faite seulement pour les propriétaires riverains d'un cours d'eau. Elle dispose aussi en vue des propriétaires de sources, d'étangs, de lacs, qui, sur le terrain où l'eau prend naissance ou sur le terrain où elle est rassemblée, ont peu ou point besoin de cet agent fécondant et qui se trouvaient empêchés jusqu'à présent de l'utiliser ailleurs, faute de pouvoir lui faire franchir les distances. Elle dispose enfin en vue des concessionnaires d'une prise d'eau sur une rivière publique, ou sur un de ces grands canaux d'irrigation appartenant à des compagnies industrielles, tels qu'il en existe en diverses parties de la France, dans les Bouches-du-Rhône, Vaucluse, la Drôme, les Hautes-Alpes, l'Isère, etc. Or, ces concessions et sous-concessions seraient trop coûteuses et d'une utilité trop restreinte, si elles ne devaient aboutir qu'à l'arrosement des prairies contiguës à la rivière ou au canal, et qu'il ne fût pas permis de dériver les eaux fécondantes sur des propriétés situées plus loin, à l'aide d'aqueducs et de conduits pratiqués sur les fonds d'autrui.

Pourra obtenir.—Le droit d'aqueduc sur le fonds d'autrui ne s'exercera donc pas de plein droit. Il faudra le consentement d'autrui, ou, à son défaut, l'intervention des tribunaux. Il semble même que le législateur ait voulu laisser plus de latitude à l'autorité judiciaire pour l'appréciation des circonstances qui motivent l'établissement d'une conduite d'eau à travers le fonds d'autrui, que lorsqu'il s'agit de prononcer sur la réclamation d'un droit de passage en cas d'enclave. Dans le premier cas, la loi dit : on *pourra obtenir* ; dans le second : on *pourra réclamer* (art. 682 du code civil). Cette différence de locution est remarquable, surtout quand on songe qu'elle a été soigneusement calculée par le législateur. En effet, le projet de loi élaboré par la commission, portait le mot *réclamer* ; c'est par amendement de M. *Pascalis*, auquel M. *Dalloz*, rapporteur, se rallia aussitôt, que le mot *obtenir* lui fut substitué. Que faut-il induire de là ? que le droit d'aqueduc à travers le fonds d'autrui doit être envisagé comme un droit un peu moins absolu, un peu moins impérieux, que le droit de passage en cas d'enclave. Celui-ci sera départi par les tribunaux au *réclamant* sans difficulté, sans hésitation, du moment que le fait d'enclave sera prouvé. Celui-là pourra être accordé ou refusé au demandeur, selon des circonstances parfois assez complexes et qui nécessiteront un mûr examen, selon que la demande sera ou non justifiée par un besoin d'irrigation réel et sérieux. Les tribunaux examineront, par exemple, si, relativement à l'importance de la propriété qu'il s'agit d'arroser, la servitude demandée ne seroit pas trop onéreuse au voisin. Dans le cas où il serait question d'un jardin ou d'une autre parcelle de terrain de faible étendue sur laquelle on se proposerait de conduire les eaux, et que, pour arriver à ce faible résultat, il fallût traverser un grand nombre de propriétés, les tribunaux, en refusant la conduite d'eau demandée, feraient une sage application de la loi. Il se pourrait agir aussi d'une eau privée, d'une source dont l'écoulement, sans être définitivement acquis à des propriétaires inférieurs par titre ou par prescription, fût déjà depuis longtemps utilisé par eux sans trouble ni contestation de la part du propriétaire de la source. En pareil cas, conviendrait-il que ce dernier eût le droit illimité de vendre la source à un propriétaire éloigné, qui ne serait pas son voisin, qui ne pourrait amener les eaux jusqu'à sa propriété qu'en changeant leur cours, qu'en grevant de servitude les fonds intermédiaires, et en privant brusquement de l'usage de ces eaux ceux qui sont en possession d'en jouir depuis longtemps? « Non, selon M. *Pascalis*, car à cela l'agriculture n'aurait rien à gagner. Il n'y aurait que déplacement et non extension du bienfait de l'irrigation. La loi nouvelle n'a pas été faite pour favoriser de semblables combinaisons. Si elles se produisaient, les tribunaux devraient en déjouer le succès et écarter toute atteinte odieuse à de légitimes expectatives naissant de la situation des lieux. Le pouvoir nécessaire à cet effet leur est expressément attribué par l'art. 645 du code civil, qui trace la règle de décision à suivre dans les contestations soulevées entre propriétaires au sujet des eaux propres à l'agriculture, en prescrivant de concilier toujours l'intérêt de celle-ci avec le respect dû à la propriété. »

Telle est l'opinion émise lors de la discussion de la loi à la Chambre des Députés, par M. Pascalis, auteur de l'amendement qui substitua, dans l'article premier, le mot *obtenir* au mot *réclamer*.

Quoique cette opinion n'ait pas trouvé de contradicteur à la chambre, nous ne pouvons l'adopter dans les termes absolus où elle est exprimée et relativement à l'espèce dont il s'agit.

Il ne suffit pas, selon nous, de la circonstance d'une expectative de droit existant en faveur de propriétaires inférieurs par suite d'une possession plus ou moins longue des eaux d'une source, possession qui serait le fruit d'une pure tolérance de la part du propriétaire de la source, mais qui ne saurait constituer un droit sérieux tant qu'il n'y a pas titre ou prescription; il ne suffit pas, disons-nous, de cette circonstance pour déterminer le juge à dénier, même indirectement, au propriétaire de la source la faculté d'en disposer à son gré, et par suite à son cessionnaire ou acquéreur, la faculté de conduire les eaux là où il aura intérêt, pourvu qu'il soit guidé par un besoin d'irrigation réel et sérieux. Décider le contraire serait porter une atteinte grave au droit de propriété, lequel peut bien fléchir parfois devant l'intérêt de l'agriculture, mais jamais s'annihiler et disparaître entièrement, sous peine de bouleverser tout l'édifice de notre code civil.

Le passage de ces eaux sur les fonds intermédiaires. — Il s'agit ici d'une nouvelle servitude imposée à autrui, qui, jusqu'à présent, n'avait pu s'établir que par titre, par convention, par prescription, ou par concession de l'autorité seigneuriale, et qui dorénavant pourra s'établir en vertu de la loi et avec l'intervention des tribunaux, si celui à qui elle est due ne parvient pas à en obtenir la délivrance effective de celui qui la doit, par les voies amiables. Cette servitude, nous avons déjà eu occasion de le dire, est de la même nature que la servitude de passage en cas d'enclave. Il y a parité entre un sol qui ne donne que le tiers ou le quart de ce qu'il pourrait produire étant arrosé, et un sol qui ne peut être cultivé qu'à l'aide d'un passage forcé sur la propriété d'autrui. La seule différence qu'on remarque entre ces deux servitudes, quant à leur nature, c'est que la première pouvant s'étendre selon les cas, jusqu'à la faculté d'ouvrir un chemin ferré, pavé, sur l'héritage d'autrui, et comprenant toujours celle de transporter par le chemin de passage tout le personnel et le matériel nécessaires à l'exploitation du fonds enclavé, est bien plus grave et affecte bien plus profondément la propriété que la seconde, qui consiste simplement dans le passage d'une rigole ou d'un canal. Encore ce canal, lorsqu'il présente une certaine largeur, peut-il être recouvert de terre végétale et laisse-t-il ainsi au propriétaire du fonds servant la jouissance de toutes les parties du sol, quelquefois avec l'amélioration résultant pour le sol de l'infiltration des eaux du canal. Une servitude de passage en cas d'enclave est presque toujours perpétuelle; elle ne pourrait cesser que dans le cas où, par la construction d'une nouvelle route, l'héritage enclavé acquerrait une issue sur la voie publique qui dispenserait de traverser la propriété du voisin. Une servitude de conduite d'eau peut s'éteindre plus fréquemment; par exemple, si les eaux tarissent, si le canal pratiqué vient à être abandonné, s'il tombe en désuétude. Quant à leur mode d'établissement, l'une et l'autre servitudes se ressemblent parfaitement. Il faut, pour mettre en action le droit donné par la loi, payer au propriétaire du fonds servant une indemnité préalable, et, en cas de désaccord avec lui, porter le différend devant les tribunaux, faire régler par justice le montant de l'indemnité due par le propriétaire du fonds dominant, ainsi que la direction du trajet à parcourir sur le fonds servant. Toute la différence qu'il y a, à cet égard, c'est que les tribunaux se montreront plus difficiles et feront un examen plus sévère des circonstances, dans le cas d'une conduite d'eau que dans le cas de passage nécessité par l'enclave. Pour ce qui touche enfin leur mode d'exercice, les mêmes règles s'appliquent aux deux servitudes; ce sont celles établies par les art. 697 et suiv. du code civil.

Le droit de passage établi par la loi nouvelle se borne-t-il au trajet pour *aller* des eaux, ou comprend-il aussi le trajet de *retour*, dans le cas où l'on est forcé de les rendre, après s'en être servi, au cours d'eau commun dont on les a dérivées ? La loi voulant la *fin* veut aussi les *moyens*. Il faut donc décider qu'on a le droit d'obtenir l'établissement de rigoles ou canaux réversifs, en cas de besoin, sur les propriétés intermédiaires autres que celles par lesquelles on a conduit les eaux sur son fonds, et cela dans le but de les reconduire à leur lit après arrosement. Dans certains cas, on devra donc demander, et le tribunal devra accorder une double servitude sur des héritages différents ; savoir : une servitude d'*aller* et une servitude de *retour*.

A la charge d'une juste et préalable indemnité. Si les choses se passent à l'amiable entre les parties, comme le veut leur intérêt commun, elles règleront entre elles à loisir le montant de l'indemnité que l'une doit à l'autre, ainsi que la nature des travaux à effectuer pour l'établissement de l'aqueduc, les formes, les dimensions et le parcours du canal projeté. De cette manière, leurs conventions feront loi réciproquement, et elles éviteront les frais et les lenteurs d'une contestation judiciaire. Mais si la passion ou la mauvaise foi s'en mêle, s'il y a procès, alors l'indemnité due, les travaux à faire, en un mot, tout ce qui a trait à l'établissement et à l'exercice du droit d'aqueduc, sera réglé par les tribunaux. A l'égard de l'indemnité, ils prendront pour bases de sa fixation la valeur de la portion du terrain enlevé à la culture par le nouveau canal, la dépréciation qui en résulte pour l'héritage traversé, le chômage ou la gêne dans l'exploitation à prévoir par suite de la construction, de l'entretien périodique, et des réparations que nécessitera le canal, et finalement les dommages et les pertes de toute nature occasionnés au propriétaire du fonds asservi. Mais quelquefois il arrivera que les dommages seront susceptibles d'être compensés en tout ou partie avec l'utilité que le propriétaire du fonds *asservi* sera dans le cas de retirer lui-même des eaux traversant son fonds, lorsque cette combinaison ne nuit d'ailleurs en rien à l'autre partie qui y donne son consentement. Le premier pourra avoir intérêt à se servir des eaux à leur passage, soit pour abreuver ses bestiaux, soit pour arroser les plantations rapprochées de l'aqueduc. En pareil cas, le chiffre de l'indemnité subira une juste réduction, et même si la nouvelle conduite d'eau devait être aussi profitable au fonds *asservi* qu'au fonds *dominant*, et que les deux parties fussent d'accord sur un commun usage des eaux du canal, il y aurait lieu alors à une équitable répartition entre elles par moitié des frais d'aqueduc. — Au surplus, dans le cas de contestation judiciaire, l'éloignement des lieux contentieux, et l'absence d'éléments d'appréciation suffisants à portée du tribunal, forceront le plus souvent les juges à recourir à une expertise pour s'éclairer sur la quotité de l'indemnité due, comme sur la nature et la direction des ouvrages qu'il conviendra d'autoriser sur le fonds d'autrui.

Les maisons, cours, jardins, parcs et enclos.—Ce sont les seules propriétés qui échappent à la servitude de conduite d'eau créée par la loi nouvelle. On n'a pas voulu grever d'une pareille servitude une habitation ni ses annexes, pour n'en pas troubler l'économie ni la distribution. On a craint de froisser des sentiments et des souvenirs dont le charme demande des ménagements particuliers et n'est jamais susceptible de justes évaluations pécuniaires. Mais tous les héritages clos, autres que ceux attenant à une habitation, sont susceptibles d'être traversés par une conduite d'eau.

Cependant, si dans le seul but de nuire et d'entraver un propriétaire en instance pour obtenir un droit de passage sur un terrain intermédiaire, le propriétaire de celui-ci y bâtissait une maison et en formait un héritage clos, les tribunaux devraient, en équité, consacrer le droit de passage, malgré cette destination frauduleuse donnée après coup à un terrain pour échapper à la servitude établie par la loi nouvelle.

Article 2.

Les propriétaires des fonds inférieurs devront recevoir les *eaux qui s'écouleront* des terrains ainsi arrosés, sauf l'indemnité qui pourra leur être due.

Seront également exceptés de cette servitude les maisons, cours, jardins, parcs et enclos attenant aux habitations.

Les eaux qui s'écouleront. — Après qu'on s'est servi sur sa propriété des eaux provenant du canal établi par la loi sur le fonds intermédiaire, que deviendront les eaux une fois utilisées? Il peut se présenter deux hypothèses : ou que les eaux aient été dérivées par un propriétaire riverain d'une rivière commune, pour l'arrosement, non seulement du fonds contigu à la rivière, mais d'un fonds situé un peu plus loin; et alors, quand il a arrosé ce dernier, il est obligé, par un circuit ou autrement, de rendre les eaux à leur lit primitif pour ne pas appauvrir la rivière au détriment des autres riverains ; ou qu'elles aient été dérivées d'une source, d'un étang dont on est propriétaire, d'une rivière publique, d'un grand canal, sur lesquels on a obtenu une concession, de sorte qu'on ait la propriété pleine et entière des eaux dont on se sert, et qu'on ne soit pas tenu de les rendre après irrigation ; dans ce cas, on les laisse naturellement s'écouler par leur pente sur les héritages voisins. Or, le plus souvent les eaux d'écoulement seront un bienfait recherché par ces héritages ; mais il pourra arriver aussi que, rencontrant des terres arables, ces eaux causent un dommage quelconque au propriétaire inférieur. La loi pourvoit à ce dommage possible en posant le principe d'une indemnité due au propriétaire inférieur, en retour de l'obligation qu'elle lui impose de recevoir les eaux qui ont servi à l'irrigation. Mais cette indemnité ne sera due que quand il y aura dommage. S'il y a nécessité pour le propriétaire inférieur de construire un petit canal pour favoriser la réunion et la fuite des eaux découlant du fonds supérieur, l'indemnité devra être suffisante pour couvrir les frais de construction de ce canal. Tel est le sens dans lequel il faut entendre l'art. 2. Au reste, la réception des eaux d'écoulement, moyennant indemnité, est une servitude purement passive, et ne saurait devenir le fondement d'une servitude active en faveur de celui qui est tenu de les recevoir.

Article 3.

La même faculté de passage sur les *fonds intermédiaires* pourra être accordée au propriétaire d'un *terrain submergé* en tout ou en partie, à l'effet de procurer aux eaux nuisibles leur écoulement.

Terrain submergé. — Autant il importait de favoriser l'irrigation en donnant de nouvelles facilités à ceux qui en possèdent l'élément essentiel, autant le législateur devait se préoccuper des moyens de procurer l'écoulement des eaux stagnantes et nuisibles. Il ne s'agit pas ici de ces grands dessèchements dans un intérêt public, lesquels sont réglés par la loi du 16 septembre 1807, mais des dessèchements partiels, accidentels, auxquels beaucoup de propriétaires éprouvent la nécessité de recourir dans leur intérêt privé ; et cette nécessité s'accroîtra au fur et à mesure que les irrigations prendront plus de développement. Il n'y a point de vallée en France où des usiniers, en accumulant les eaux pour le mouvement de leurs usines, ne les fassent refluer plus ou moins ou infiltrer dans les prairies voisines, au grand dommage de celles-ci. Souvent les infiltrations se répandent jusque dans les terres ensemencées et détruisent les récoltes. Le même mal se produit, à différents degrés d'intensité, partout où il y a des terres condamnées par leur situation à servir d'égoût aux héritages avoisinants. Nuisibles à l'agriculture, les eaux stagnantes ne le sont pas moins à la santé publique. Par conséquent, dégager des terrains submergés, ce n'est pas seulement élargir la superficie où se produit la richesse territoriale, c'est aussi assainir le sol et tarir dans leur source des maladies et des souffrances sous le poids desquelles succombent annuellement de malheureuses populations. Il convenait donc sous tous les rapports qu'une loi, faite en faveur des irrigations, étendît aussi sa prévoyance sur l'écoulement des eaux nuisibles. L'art. 3 y pourvoit en imposant au voisin une servitude de conduite d'eau à travers son fonds pour le dégagement du fonds submergé. Cette servitude, bien entendu, ne s'acquiert, comme les précédentes, que moyennant indemnité; et tous les frais de construction, d'entretien du canal, sont à la charge du propriétaire du terrain submergé. Au reste, dans la plupart des cas, il suffira du moindre ouvrage d'art, d'un petit fossé, d'une rigole, pour écouler avec fruit les eaux encombrantes à travers le fonds du voisin.

Sur les fonds intermédiaires. — On s'explique difficilement pourquoi la qualification d'*intermédiaire*, fort à propos employée dans l'art. 1er pour désigner les fonds d'autrui qui séparent les différentes parcelles d'une propriété appartenant au même individu, et indiquer le trajet que les eaux doivent parcourir pour arriver d'un point à un autre, a été conservée dans l'art. 3 pour désigner le fonds d'autrui que les eaux doivent traverser en s'écoulant d'un terrain submergé. Ici les eaux ont une destination toute différente. On ne les fait pas voyager pour aller arroser un héritage plus éloigné, mais uniquement dans le but de s'en débarrasser. Elles ont bien un point de départ déterminé, mais non pas un point d'arrivée, et ce n'est qu'en vue de ces deux points fixes qu'il peut être question de fonds *intermédiaires*. Nous pensons donc qu'il eût été plus logique de qualifier autrement les terrains sur lesquels des eaux s'écoulent en sortant d'un terrain submergé, et de leur appliquer, par exemple, l'épithète d'*inférieurs*, qui, dans l'art. 2, désigne convenablement des héritages placés dans la même situation relative que ceux dont il s'agit dans l'art. 3, ou bien celle de *voisins*. Est-ce par inadvertance que cette expression de *fonds intermédiaires* s'est glissée dans l'art. 3 comme une répétition machinale de l'art. 1er, ou bien a-t-elle été calculée et répond-elle à la pensée précise du législateur? Dans la seconde hypothèse, il faudrait conclure que la loi n'a entendu soumettre le fonds d'autrui à une servitude d'écoulement par rapport au propriétaire d'un terrain submergé, que quand ce dernier possède un peu plus loin, et au delà du fonds d'autrui, un autre terrain sur lequel il se propose d'utiliser les eaux qui encombrent le premier d'une manière nuisible. Réduite à ces termes, la faculté concédée par l'art. 3 serait beaucoup trop restreinte, et l'on ne pourrait remédier à l'inconvénient de la submersion des eaux que dans un seul cas, savoir : Quand on possède plusieurs parcelles séparées par des fonds d'autrui intermédiaires, que l'une se trouve submergée, mais qu'une autre placée à distance pourrait utiliser avantageusement les eaux stagnantes dans la première. Telle ne nous paraît pas être l'interprétation convenable de l'art. 3; nous croyons qu'il a un sens plus large et qu'il dispose en faveur de tous les terrains submergés indistinctement. Dès lors, l'expression de *fonds intermédiaires*, répétée dans cet article par une fausse analogie avec l'article premier, doit, suivant nous, s'entendre de tous les fonds contigus au terrain submergé et à travers lesquels, par leur pente naturelle, les eaux doivent trouver un écoulement facile pour aller se perdre dans un canal, un fossé, une rivière, ou aboutir à un point quelconque où elles ne nuisent à personne.

Art. 4.

Les *contestations* auxquelles pourront donner lieu *l'établissement de la servitude, la fixation du parcours de la conduite d'eau, de ses dimensions et de sa forme,* et les indemnités dues, soit au propriétaire du fonds traversé, soit à celui qui recevra l'écoulement des eaux, seront portées devant les tribunaux qui, en prononçant, devront *concilier l'intérêt de l'opération avec le respect dû à la propriété.*

Il sera procédé devant les tribunaux comme en *matière sommaire,* et, s'il y a lieu à expertise, *il pourra n'être nommé qu'un seul expert.*

Les contestations. — Il y en aura, c'est infaillible, surtout dans les premiers temps de l'application de la loi. Jamais un droit nouveau n'est mis en pratique sans soulever des différends et susciter des tentatives abusives. Parmi les propriétaires, les uns voudront donner une extension excessive à leur droit; les autres se refuseront aux arrangements les plus simples. De là, faute de concessions mutuelles, des dissentiments, qui le plus souvent iront se vider devant les tribunaux. — On peut ranger en deux classes générales, quoique infiniment variées dans leurs espèces, les contestations que fera naître la loi. Les unes auront pour objet *l'exercice du droit de disposer des eaux*; les autres *l'établissement des ouvrages d'art nécessaires à leur parcours sur le terrain d'autrui.* Quant à la première classe de ces contestations, il est deux sortes d'eaux qui semblent devoir y échapper, savoir : les eaux de l'État, et celles appartenant en propre aux particuliers. Pour celles-là, ni la propriété ni l'usage ne peut en être contesté sérieusement. Tout ce qui s'y rapporte repose sur des titres clairs, positifs, qui laissent peu d'accès à la contradiction. Restent les eaux qu'on borde, et sur lesquelles on n'a qu'un droit d'usage, ou qui appartiennent en commun à plusieurs, sous la surveillance de l'admin[illegible]ation publique. Ces droits d'usage, d'une éten[illegible] incertaine, peuvent engendrer des abus et des [illegible]fférends. Quant à ces procès, ce qui s'est passé jusqu'à présent peut donner la mesure de ce qui se passera sous l'empire de la loi nouvelle. Jusqu'à présent, chacun a été libre de dériver d'un cours d'eau commun le volume nécessaire à l'irrigation de ses champs riverains. Or, cette faculté s'étendra à l'avenir jusqu'à conduire plus loin ces mêmes eaux. Mais, comme l'administration a la police des cours d'eau, en cas d'appauvrissement, de trouble, d'empiètement sur la possession commune, elle imposera des règlements, qui, en assignant à chacun sa part, mettront fin à des collisions fâcheuses. Ainsi, l'administration a le pouvoir de diminuer beaucoup le nombre de ces contestations.

Le remède au mal sera dans la multiplication des règlements particuliers et locaux, qui manquent pour beaucoup de petites rivières et de cours d'eau utilisés dans l'intérêt de l'agriculture. — Quant aux contestations ayant pour objet *l'établissement des ouvrages d'art nécessaires au parcours des eaux sur le terrain d'autrui*, elles seront plus ou moins sérieuses, selon la gravité des changements projetés sur les propriétés passibles de la servitude d'aqueduc. Demande en obtention du droit de passage, fixation du chiffre des indemnités dues, détermination des travaux nécessaires au parcours de la conduite d'eau, dommages occasionnés par l'écoulement des eaux, tels seront les différents chefs sur lesquels porteront les contestations. Heureusement, diverses circonstances contribueront à les simplifier, ou à en diminuer le nombre : Fort souvent, ce sera un avantage pour le propriétaire inférieur que de recevoir les eaux qui ont servi à l'arrosement du fonds supérieur ; c'est ce que l'expérience atteste dans tous les pays où les irrigations sont en usage. Alors, il y aura communauté d'intérêt ; par conséquent, tendance à se rapprocher et à s'entendre entre voisins. D'un autre côté, comme ce n'est pas chose si simple que de conduire loin de leur point de départ des eaux d'irrigation, comme aux indemnités à payer il faut joindre des dépenses de construction et de nivellement, et que ces sacrifices croissent en raison des distances, on ne s'engagera pas facilement dans de pareilles entreprises. Dans bien des cas, une rigole, un petit canal d'amenée fort peu dispendieux, et constituant une servitude fort légère pour le voisin, suffira à la distribution des eaux d'arrosement entre deux parcelles peu distantes l'une de l'autre. Alors, quelque dissentiment qui existe entre les parties, la faible importance de l'objet du litige les portera à se faire des concessions mutuelles pour éviter un procès. Il faut aussi se confier un peu à la sagacité des intérêts privés. Chacun se sentira intéressé à contribuer à la prospérité de l'agriculture en favorisant les irrigations, parce qu'elles augmenteront la masse des herbes fourragères, et que les cultivateurs du voisinage à qui elles font souvent défaut pour la nourriture des bestiaux, auront ainsi la possibilité d'en obtenir à meilleur marché.

L'établissement de la servitude, la fixation du parcours de la conduite d'eau, de ses dimensions et de sa forme. — Il faut distinguer les cas où la prise d'eau destinée à traverser le fonds d'autrui pour arroser un fonds à soi appartenant, situé plus loin, aura lieu sur un cours d'eau du *domaine public*, ou sur un cours d'eau *commun*, ou sur une eau de *propriété privée*. Dans le dernier cas seulement, les tribunaux seront exclusivement compétents pour déterminer les dimensions, la forme et la direction du canal projeté sur le fonds d'autrui. Dans les deux premiers, les dimensions, la forme du canal à sa naissance, et avant son entrée sur l'héritage d'autrui, doivent être réglées par l'autorité administrative. Pourquoi ? parce que les dimensions et la forme du canal rétroagissent sur le régime du cours d'eau auquel la dérivation est faite, que le régime du cours d'eau peut en être plus ou moins affecté, modifié, appauvri. Or, la police des eaux qui ne sont pas propriété privée appartient à l'administration. C'est elle qui veille à leur conservation, à leur économie, à leur libre cours, à leur meilleure distribution possible entre toutes les parties du territoire. Quant à la fixation du parcours du canal sur l'héritage d'autrui, elle rentre dans la question de servitude et est exclusivement de la compétence des tribunaux civils. C'est à eux de choisir, dans le terrain qu'il s'agit d'asservir, la ligne la plus convenable et la moins dommageable pour donner passage aux eaux, comme dans le cas d'enclave. Les tribunaux civils auront toujours deux points à résoudre : le droit à l'établissement de la servitude, et son mode d'exercice sur le fonds d'autrui. Mais, quand il s'agira d'une prise d'eau sur un cours d'eau public, ou commun, ils ne pourront statuer sur les dimensions et la forme du canal, à sa naissance et avant son entrée sur le fonds d'autrui. — L'exercice du droit d'aqueduc, créé par la loi nouvelle, nécessitera donc parfois le recours à deux autorités différentes : à l'administration, pour faire régler l'exercice de la prise d'eau, les dimensions et la forme du canal projeté ; aux tribunaux, pour faire décider le droit à l'établissement de la servitude et son mode d'exercice sur le fonds d'autrui, ainsi que les indemnités dues.

Concilier l'intérêt de l'opération avec le respect dû à la propriété. — La loi nouvelle, voulant tracer dans les contestations à naître une règle de décision aux

tribunaux, ne pouvait mieux faire que de reproduire le principe si sage contenu dans l'art. 645 du Code civil, dont voici les termes : « S'il s'élève une con-
» testation entre les propriétaires auxquels ces eaux
» (les eaux courantes qui ne sont pas dépendantes
» du domaine public et qui bordent ou traversent un
» héritage) peuvent être utiles, les tribunaux, en
» prononçant, doivent concilier l'intérêt de l'agri-
» culture avec le respect dû à la propriété, etc. »

Comme en matière sommaire. — La procédure est plus simple, plus rapide, le tarif des frais plus réduit en matière sommaire qu'en matière ordinaire. Cependant, comme une procédure, même en matière sommaire, est toujours dispendieuse pour les parties, elles feront sagement d'éviter, autant que possible, d'en venir devant les tribunaux ; de chercher à s'entendre et se concilier en se faisant des concessions mutuelles; et, au besoin, de s'en rapporter à l'arbitrage d'un tiers, amiable compositeur, en faisant choix d'un homme probe et éclairé qui règle impartialement tout ce qui est relatif à l'établissement de la servitude, indemnité, travaux à faire, etc., et qui épargne ainsi aux parties les frais d'une instance et d'une expertise judiciaires.

Il pourra n'être nommé qu'un seul expert. — Les tribunaux, attendu l'éloignement des lieux contentieux, seront forcés très souvent de commettre des experts. La loi a voulu, dans l'intérêt des parties, réduire, autant qu'il était en elle, les frais d'expertise, en donnant aux juges la latitude de ne nommer qu'un seul expert. Lorsqu'il s'agira d'une conduite d'eau dérivée d'un cours d'eau public, ou d'un cours d'eau commun, la forme et les dimensions du canal ayant déjà été tracées par les ingénieurs des ponts et chaussées, l'expertise ne devra porter que sur la meilleure direction des eaux sur le fonds d'autrui et sur le montant de l'indemnité due par celui qui réclame la servitude.

Art. 5.

Il n'est aucunement *dérogé* par les présentes aux lois qui règlent la police des eaux.

Dérogé. -- La loi nouvelle se borne à créer, en faveur des propriétaires qui ont des terres à arroser, et la disposition des eaux nécessaires pour l'arrosement, une faculté qui n'existait pas auparavant. Elle leur permet d'ouvrir de nouvelles routes à ces eaux pour les répandre sur toutes les parties de leurs héritages. Mais, à part cela, elle ne modifie en rien les droits de propriété et d'usage existants. Elle ne déroge aucunement à l'ensemble de la législation qui régit les eaux.

Après le commentaire de la loi dans ses détails, vient se placer naturellement l'examen des questions neuves que soulèvera son application, et qui se produiront nécessairement dans la pratique. Elles sont relatives à l'essence même du droit nouveau conféré par la loi, et à la nécessité de concilier avec son exercice le respect des droits acquis à des tiers.

Lorsque celui qui, aux termes de la loi nouvelle, a le droit d'établir sur l'héritage du voisin une servitude d'aqueduc pour le passage des eaux d'irrigation jusqu'à sa propriété, aura fait fixer, soit à l'amiable, si son voisin s'y prête, soit par le tribunal, dans le cas où les parties n'auraient pu s'entendre, le montant de l'indemnité ou des indemnités dues, autrement dit le prix de la servitude imposée au voisin, devra-t-il faire transcrire au bureau des hypothèques, soit les conventions amiables intervenues pour l'établissement de ladite servitude, soit le jugement rendu par le tribunal à défaut de ces conventions ?

Pour résoudre cette question, il faut d'abord rappeler les principes en matière d'aliénation immobilière. Une servitude est un véritable *droit réel* qui suit le sort de l'immeuble sur lequel elle repose, et ne peut, quand cet immeuble se trouve frappé d'hypothèques, être aliéné valablement vis à vis des tiers, qu'au moyen de la transcription et des autres formalités de purge hypothécaire. La concession d'une servitude moyennant indemnité est une véritable vente immobilière; elle en réunit toutes les conditions. D'une part, il y a un prix certain, le *montant de l'indemnité*, et de l'autre, une chose transférée, savoir : la *charge nouvelle* qui doit grever la propriété, qui a pour effet de l'altérer, d'en modifier la substance et la valeur. Aussi, jusqu'à présent, tous les contrats qui ont eu pour cause des acquisitions de servitudes, ou des transactions y relatives, ont-ils été soumis à la transcription et à l'accomplissement de toutes les autres formalités de purge hypothécaire. Comment la loi et la jurisprudence n'auraient-elles pas assujetti à de semblables formalités des contrats qui peuvent modifier une propriété d'une manière très importante, et diminuer quelquefois sa valeur de plus de moitié? Comment, en présence d'une pareille modification subie par l'immeuble, serait-il permis au propriétaire de recevoir à l'insu et au préjudice des créanciers inscrits, le prix de la servitude qui forme en partie le gage de leurs créances!

Une circonstance qui pourrait faire naitre quelques doutes dans l'espèce, c'est la distinction établie entre les servitudes légales et les servitudes conventionnelles. Les servitudes légales dérivant de la nature des choses, de la disposition des lieux, et existant en vertu de la loi indépendamment de toute convention, semblent devoir échapper par cela même, pour leur établissement, à toute formalité de transcription. Cependant, prétendra-t-on que des conventions qu'on pourrait faire sur ces servitudes et ayant pour effet de les diminuer ou de les aggraver, doivent aussi être dispensées de la transcription, quand ces servitudes reposent sur un immeuble hypothéqué? Non assurément. Car alors la nouvelle servitude, telle qu'elle résulte des modifications qu'on y apporte, change de nature, revêt un double caractère, et participe à la fois de la servitude légale et de la servitude conventionnelle; mais c'est ce dernier caractère qui lui reste et qui domine en elle.

Maintenant, faisant application de ces principes à

la servitude établie par la loi nouvelle, la considérerons-nous comme servitude purement légale, ou bien y verrons-nous un principe de servitude légale avec tout ce qui peut lui donner le caractère dominant d'une servitude conventionnelle ? Nous adoptons sans balancer la seconde opinion, et nous nous fondons sur ce que ceux au profit desquels cette servitude est établie, ne peuvent mettre leur droit en action qu'en payant une indemnité pécuniaire à ceux qui doivent en être grevés. Cette mesure du législateur qui a prescrit dans l'intérêt, soit du propriétaire, soit de ses ayans cause, le paiement d'une indemnité représentant la diminution de valeur de l'immeuble grevé, nous semble dissiper tous les doutes qu'on pourrait concevoir sur le véritable caractère de la servitude nouvelle créée par la loi.

Disons donc que, lorsque cette servitude doit affecter un immeuble grevé d'hypothèques, l'acte qui la concède, soit convention amiable, soit décision judiciaire, ne peut avoir d'effet vis à vis des tiers intéressés qu'autant qu'il a subi la transcription et toutes les autres formalités de purge hypothécaire.

Après avoir résolu affirmativement la question de a transcription, il nous reste à examiner une autre question très importante, celle de savoir si, après la transcription opérée, le prix fixé comme montant de l'indemnité due pour l'établissement de la servitude, soit que cette fixation résulte de conventions amiables, ou d'un jugement, sera définitif vis à vis des créanciers inscrits, comme il l'est vis à vis des parties elles-mêmes, et s'il n'est pas définitif, quel sera le moyen pour eux d'en faire augmenter le montant jusqu'à concurrence du juste prix.

Hâtons-nous d'abord de reconnaître que la surenchère ne peut être permise ici en aucun cas, soit que le prix ait été fixé par convention amiable, soit qu'il résulte d'un jugement.

En effet, la loi que nous commentons, est une loi d'exception aux principes généraux qui régissent la propriété dans nos codes. Son caractère, tout le monde l'a reconnu, est de porter atteinte, quoique dans une certaine mesure, à des droits acquis, de modifier la propriété elle-même. L'utilité des irrigations pour le bien général a pu seule motiver la proposition et l'admission d'une loi semblable: elle a été faite, surtout, en faveur des propriétaires qui ont des eaux surabondantes à utiliser.

Si donc, par suite de la purge des hypothèques et des notifications qui doivent accompagner cette procédure, on donnait à un créancier le droit de surenchérir, on lui donnerait en même temps le droit d'acheter, de devenir propriétaire de la servitude mise en adjudication, sans qu'il eût le moindre intérêt d'abord, et ensuite sans qu'il en résultât aucune irrigation, ce qui serait directement contraire au but de la loi. Pousser plus loin le raisonnement serait inutile, puisqu'il est facile de saisir du premier coup d'œil l'absurdité des conséquences.

Quelle sera donc la voie ouverte au créancier hypothécaire pour faire élever le prix de la servitude, dans le cas où le chiffre de l'indemnité fixée soit par conventions amiables, soit par jugement, serait au dessous de la valeur réelle de ladite servitude?

S'il s'agit de conventions verbales, le créancier aura le droit, lors des offres réelles à lui faites par le débiteur, lequel sera obligé de lui en faire en présence des inscriptions survenues à la transcription desdites conventions; le créancier aura le droit, disons-nous, de contester à ses risques et périls lesdites offres comme insuffisantes, et de faire fixer par le tribunal le juste prix de la servitude.

Si, au contraire, le prix a été fixé par jugement, la tierce opposition sera ouverte au créancier, aux termes de l'article 474 du code de procédure civile.

Dans ce cas aussi, il courra la chance de supporter les frais de l'instance, si sa contestation est mal fondée.

Mais là ne se bornera pas le droit du créancier. Il peut encore dans les deux hypothèses émises contester l'établissement même de la servitude.

En effet, la prestation de la servitude au demandeur n'est pas prescrite par la loi d'une manière absolue. Les tribunaux peuvent l'accorder ou la refuser. Le système contraire, s'il eût été adopté par la loi, aurait pu avoir des conséquences très graves. En effet, supposons un instant que ce droit de servitude fût établi de plein droit. Dans ce cas, un débiteur pourrait altérer, modifier profondément sa propriété, et nuire ainsi aux intérêts du créancier dont elle forme le gage, soit par des conventions amiables dont ce dernier ne pourrait pas demander la nullité, soit par un jugement surpris aux tribunaux par collusion des parties : conventions et jugement qui seraient inattaquables au fond, c'est à dire quant à l'établissement même de la servitude. Il pourrait arriver que cette servitude diminuât de moitié, quelquefois davantage, la valeur de l'immeuble formant le gage du créancier.

Il est donc de toute justice que le créancier puisse se pourvoir judiciairement dans les formes déjà indiquées, non seulement en augmentation du prix fixé en son absence à la servitude, mais encore en suppression d'icelle, et faire révoquer soit les conventions amiables, soit le jugement qui l'établit.

— Dans le cas de saisie immobilière du terrain sur lequel il s'agit de constituer la servitude, après la dénonciation de la saisie faite au débiteur, celui-ci est tout à fait sans droit pour consentir à l'amiable une servitude sur l'immeuble saisi; mais il peut répondre à une action judiciaire tendante à l'établissement de la servitude. C'est ce qui résulte des art. 688 et 692 du Code civil.

— Il sera toujours plus rationnel de la part du propriétaire de l'immeuble grevé d'hypothèques, et sur lequel il s'agit d'établir la servitude, d'agir vis à vis des créanciers inscrits après, plutôt qu'avant la fixation judiciaire de l'indemnité due pour ladite servitude, par la raison que si lesdits créanciers étaient appelés de prime abord à intervenir pour défendre leurs droits dans l'instance formée par le demandeur en servitude, ils devraient y être appelés aux frais du défendeur à cette demande, tandis que s'ils contestent à tort sur les offres à eux faites, ils devront supporter les dépens de l'instance.

— Dans le cas de conventions amiables, comme le droit à l'établissement de la servitude dérive toujours de la loi, quoiqu'il soit mis en œuvre par des conventions volontaires, nous pensons qu'il ne faudra agir pareillement vis à vis des créanciers inscrits, qu'après la transcription du contrat amiable; et s'il y a mauvaise contestation de leur part, ils supporteront encore les dépens. Les créanciers inscrits ne pourront jamais se retrancher derrière les dispositions de la loi, qui dit « qu'en cas de contestation, la question » de l'indemnité sera soumise aux tribunaux, » pour soutenir que la fixation amiable blesse leurs droits car la loi n'a déféré aux tribunaux la fixation de l'indemnité et la solution des autres difficultés auxquelles peut donner lieu l'établissement de la servitude, que dans le cas où les parties ne pourraient s'entendre ; et il n'appartient pas à des tiers de les engager malgré elles dans un procès qu'elles ont voulu éviter.

Exemples d'application de la loi nouvelle :

Quelques exemples pratiques rendront plus sensible la mise en application de la loi nouvelle combinée avec les principes de la législation déjà existante en matière de cours d'eau.

PREMIÈRE ESPÈCE [1].

Clément possède, dans le voisinage d'un cours d'eau abondant, cinq hectares de terre labourable qu'il desire convertir en prairie artificielle. Mais il n'a pas d'eau pour arroser et ne peut profiter de celle du cours d'eau voisin, parce qu'il n'y a aucun droit, n'étant pas riverain immédiat. Dans cette situation, que fera-t-il ? Il cherchera à traiter avec Adolphe de l'acquisition du demi hectare de pré que celui-ci possède au bord de l'eau, et s'il réussit à s'en rendre propriétaire, il pourra utiliser la prise d'eau qui lui sera acquise désormais comme riverain pour l'arrosement de sa propriété située plus loin. A cet effet, il conduira l'eau ayant servi à l'irrigation du fonds A jusqu'au fonds C, à travers le fonds B, c'est à dire à travers les deux hectares de labourable qui appartiennent à Bernard. En vertu de la nouvelle loi sur les irrigations, Bernard ne pourra pas refuser le passage des eaux sur son héritage.

Mais, pour le succès d'une pareille combinaison ,

[1] Voir la figure n° 1, dans les plans linéaires qui se trouvent à la n du livre.

il faut s'assurer d'avance que le cours d'eau soit abondant et suffise largement aux besoins d'irrigation des riverains ; car si les prairies inférieures à celles d'Adolphe devaient éprouver disette d'eau ou diminution dans leur quotité habituelle, par suite du fait de Clément qui absorbera nécessairement un plus grand volume pour l'arrosement combiné du fonds A et du fonds C, qu'il n'en était absorbé auparavant par Adolphe sur son demi hectare de pré, Clément, sur la querelle des riverains, se verrait réduit à la portion d'eau afférente au fonds A, et frustré dans ses combinaisons, faute de prévoyance.

Supposons maintenant qu'au lieu de cinq hectares de labourable à convertir en pré, Clément en possède cinquante au même endroit ; qu'il lui faille par conséquent, pour arroser, dix fois autant d'eau que dans l'hypothèse précédente, mais que le cours d'eau dont il devient riverain ou co-usager au lieu et place d'Adolphe, soit plus que suffisant pour alimenter les propriétés riveraines et même les propriétés avoisinantes jusqu'à une certaine étendue. Il s'agira alors pour Clément d'une prise d'eau assez considérable à faire sur le bord du fonds A, et d'un canal de certaine dimension pour la recevoir et la conduire successivement à travers les fonds A et B jusqu'au fonds C. Or, comme cette prise d'eau et cet aqueduc, dans leurs proportions nouvelles, bien que tolérés par les riverains inférieurs qui n'en éprouvent aucun préjudice, bien qu'entrepris d'accord avec Adolphe et Bernard qui ont stipulé de Clément les indemnités nécessaires pour compenser la largeur du terrain pris par l'aqueduc et les autres charges de la servitude, peuvent affecter d'une manière plus ou moins grave l'économie générale du cours d'eau et d'autres intérêts publics dont l'administration a la surveillance; Clément, s'il est bien avisé, se gardera de procéder à l'exécution d'aucuns travaux avant d'en avoir prévenu l'autorité administrative, afin que, d'après ses ordres, messieurs les ingénieurs des ponts et chaussées visitent les lieux et règlent d'avance les dimensions de la prise d'eau projetée, ainsi que celles de l'ouverture du canal et les formes de sa construction. Sans cela il s'exposerait à voir quereller par l'administration ces importants et dispendieux ouvrages une fois terminés ; il courrait même le danger d'être contraint à les changer, à les modifier, à les recommencer, le tout avec des frais considérables, jusqu'à ce qu'ils présentassent toutes les convenances voulues par l'administration.

DEUXIÈME ESPÈCE [1].

Pierre désire utiliser le voisinage d'une rivière non navigable, ni flottable, pour l'irrigation de 10 hectares de terrain d'un faible rapport en culture de céréales, et qu'il se propose de convertir en pré. Mais cette rivière est profondément encaissée sur une certaine étendue de son parcours, de manière que les propriétaires riverains se trouvent à un niveau

[1] Voir la figure n° 2.

plus élevé que celui de l'eau, et ne peuvent cultiver sur ses bords que des céréales, du maïs, des pommes de terre. Pierre a deux difficultés à vaincre : premièrement, il faut qu'il devienne riverain ; en second lieu qu'il fasse les travaux nécessaires pour conduire l'eau jusqu'au terrain qu'il veut arroser. Il cherche, en conséquence, sur le bord de la rivière, le point où la prise d'eau offrira le moins de difficulté, et après s'être convaincu que c'est le point D, il entre en pourparlers avec Gustave, riverain, pour l'acquisition de la parcelle de labourable qui est la propriété de ce dernier et qui comprend le point D. Il parvient à s'entendre avec Gustave, et le fonds passe entre ses mains. Désormais il a un droit acquis à l'usage des eaux de la rivière, et n'a plus à s'occuper que de les conduire à leur destination, c'est à dire au fonds P à travers les fonds G et E, autrement dit à travers le champ de Gustave, devenu le sien, et celui d'Édouard, qui, en vertu de la nouvelle loi, est tenu de lui livrer passage. Il reconnaît l'impossibilité d'y parvenir autrement que par un aqueduc souterrain en maçonnerie s'ouvrant à quelques centimètres au dessus de la surface de l'eau dans la rivière, et traversant les champs G et E, en contournant une colline pour aboutir par la direction la plus courte au fonds P ; mais il reconnaît en même temps l'indispensable nécessité d'un barrage mobile au travers de la rivière, pour relever le niveau de l'eau dans les temps d'arrosement et la faire entrer dans l'aqueduc. Dans ces circonstances, Pierre adresse à M. le Préfet du département une demande en autorisation d'aqueduc et de barrage sur la rivière, et lui soumet un plan des ouvrages d'art qu'il se propose de faire pour l'irrigation de sa propriété. — Visite des lieux par les ingénieurs des ponts et chaussées — rapport à l'administration — par suite, M. le préfet autorise les constructions projetées par Pierre moyennant certaines modifications, restrictions et conditions auxquelles il sera tenu de se conformer.

Mais tout n'est pas fini là. Avant que de se mettre à l'œuvre, Pierre doit encore obtenir le consentement du voisin de la rive opposée, pour pouvoir san contestation pousser le barrage au delà de la moitié du lit de la rivière et l'appuyer sur l'autre bord. Il doit enfin s'entendre à l'amiable avec Edouard pour le trajet de l'aqueduc sur son fonds, ou l'assigner devant les tribunaux en règlement de la servitude, sous l'offre de payer les indemnités voulues par la loi. Ce n'est qu'après tous ces préliminaires que Pierre pourra en toute sûreté procéder à l'exécution de ses travaux d'aqueduc et d'irrigation. On trouvera peut-être qu'il paie un peu cher le droit d'arroser; mais aussi acquiert-il l'avantage de fertiliser à l'avenir dix hectares d'une terre ingrate, et d'en tripler le rapport chaque année!

Dans l'exemple précédent, nous avons supposé la possibilité de vaincre des difficultés matérielles, ou provenant du fait de l'homme, qui deviennent quelquefois insurmontables. Ainsi, tantôt le relèvement du niveau des eaux dans une rivière encaissée nuira aux propriétés supérieures, et l'administration ne pourra l'autoriser. Tantôt la conformation du terrain en contre-pente ne permettra pas de faire monter l'eau sur le champ riverain au moyen d'un barrage, de la détourner dans un aqueduc. Souvent les voisins de la rive opposée se refuseront à toute concession relativement à l'appui d'un barrage sur leurs bords. Dans ces cas là, on est forcé de renoncer au bénéfice des eaux, quoique riverain, ce qui est fort regrettable. Il arrive même que la rivière ne profite à personne; car elle ne féconde ni les propriétés contiguës à son bord, ni celle d'un voisinage médiat. Tout au plus procure-t-elle aux premières une utilité fort restreinte, en y répandant la fraîcheur et l'humidité par l'infiltration. Si le principe de l'appropriation facultative par l'Etat d'un cours d'eau, même non navigable ni flottable, était écrit dans nos codes comme il l'est dans le code lombard, l'administration maîtresse absolue du lit de la rivière encaissée et de ses bords, trouverait bientôt le moyen d'en utiliser les eaux dans l'intérêt de l'agriculture en concédant à une compagnie d'arroseurs une large prise ou dérivation à ce point du cours de la rivière, où le niveau serait assez élevé pour dériver facilement toute la masse des eaux sur les héritages avoisinants. Les héritages ainsi arrosés ne seraient peut-être pas pour la plupar contigus à la rivière; mais du moins l'amélioration du territoire aurait lieu, tandis que, sous l'empire de la législation actuelle, le droit absolu du riverain existant, même à l'état *latent*, devient une force d'inertie qui s'oppose à tout usage de la part d'autrui d'une chose dont il ne peut user lui-même.

TROISIÈME ESPÈCE [1].

Une compagnie a entrepris un canal d'irrigation par dérivation des eaux d'une grande rivière, pour fertiliser une vaste étendue de territoire. A droite et à gauche du canal, la propriété est très morcelée. Convient-il que chaque propriétaire disposé à profiter du voisinage du canal, demande une concession particulière, et qu'il s'établisse sur le lit du canal une multitude de petites prises d'eau à travers les fonds A, B, C, D, etc., ou bien que tous les intéressés s'entendent pour se faire délivrer à frais communs une concession unique, autrement dit, une prise d'eau collective à un point supérieur X, d'où les eaux, portées suivant leur pente naturelle par un aqueduc de suffisante dimension, iront se ramifier dans la campagne à l'aide de petites rigoles et de fossés ? poser la question, c'est la résoudre. Il est évident que les frais d'une seule grande concession répartis entre plusieurs intéressés, seront moins onéreux pour chacun que s'il devenait séparément concessionnaire ; qu'un grand aqueduc coûtera beaucoup moins à construire et rencontrera moins de difficultés et d'accidents de terrain que plusieurs petits aqueducs, tout en portant plus de masse liquide et en épargnant beaucoup de terrain qui serait perdu pour la culture ; que la déperdition

[1] Voir la figure n° 3.

des eaux par l'infiltration et l'évaporation pendant le trajet sera d'autant moindre qu'elles seront moins éparpillées; qu'après l'arrosement commun, l'eau sera plus facilement et plus fidèlement restituée au canal-mère par un seul canal réversif que par plusieurs; qu'il y aura donc économie notable d'argent, de travail, de terrain et de matière fécondante, et aussi meilleure irrigation, par le système d'une seule prise d'eau collective que par celui de plusieurs prises d'eau individuelles.

La même observation peut s'appliquer à tous les cours d'eau, ou canaux naturels, qui ne se trouvent pas encore utilisés ni règlementés pour l'irrigation. Les riverains de ces cours d'eau feront bien de se départir un peu de la rigueur absolue du droit qu'ils puisent dans l'art. 644 du Code civil, d'admettre sans difficulté les propriétaires voisins, quoique non-riverains, au partage des eaux et de s'associer avec eux, pour une distribution judicieuse de l'élément fécondant sur une certaine superficie de terrain, à droite et à gauche de la rivière. Les associations, les syndicats, nous ne saurions trop insister là dessus, sont le meilleur mode d'exploitation d'une eau courante dans l'intérêt de l'agriculture. Avec cela et de sages règlements qui soient observés avec exactitude et fidélité, pas une goutte d'eau ne se perd, et chacun participe à peu de frais aux bienfaits de l'irrigation.

QUATRIÈME ESPÈCE [1].

Pierre veut arroser 10 hectares de terrain non contigus à une rivière placée dans le voisinage. Il devient riverain en achetant une parcelle de pré X. Mais, comme la rivière n'est pas très abondante, et qu'elle a été règlementée pour prévenir des contestations trop fréquentes entre les usiniers et les propriétaires de prairies, il arrive que le volume d'eau dont X peut disposer est insuffisant pour arroser à la fois X et P. Dans cette situation, Pierre se fait concéder par la commune à qui appartient la source qui alimente principalement la rivière dont s'agit, le droit de pratiquer une dérivation d'eau à la source, moyennant une redevance annuelle. Cette dérivation, jointe aux eaux qu'il prend à la rivière, suffit à l'arrosement de ses dix hectares. Mais les propriétaires inférieurs à X, savoir : A, B, C, se plaignent bientôt d'une diminution notable survenue dans la masse des eaux de la rivière. Ils en recherchent la cause, et la découvrent dans la dérivation récente pratiquée à la source communale. Ils actionnent Pierre devant les tribunaux en suppression de son aqueduc, se fondant sur le droit qu'ils ont acquis par possession immémoriale ou trentenaire, d'utiliser un certain volume d'eau coulant devant leurs héritages, volume aujourd'hui diminué par le fait de Pierre. Celui-ci résiste, et appelle en garantie la

[1] Voir la figure n° 4.

commune concessionnaire. On fait valoir, dans l'intérêt de la commune, son droit absolu à la propriété des eaux jaillissantes dans son fonds, et par suite, celui d'en disposer comme bon lui semble, avec d'autant plus de raison que la chute des eaux, pour les propriétaires inférieurs, constitue une servitude passive et non un droit vis à vis du maître de la source; que, dans l'espèce, les demandeurs ne peuvent alléguer aucun ouvrage extérieur ou apparent de conduite d'eau servant de base à une possession utile, les eaux de la source s'étant créé par elles-mêmes un lit, et ayant formé, à la longue, avec l'adjonction d'autres eaux, une rivière dont le régime ne saurait avoir d'effet rétroactif sur les droits du maître de la source. On ajoute, enfin, que les réclamants ont leurs prairies situées assez loin du siége de la source, et que la prévoyance de la commune, dans l'exercice de son droit, ne peut s'étendre jusqu'à eux; que les propriétaires immédiatement inférieurs au fonds où jaillit la source, lesquels ont toujours cultivé en nature de labourable, en ont toujours reçu les eaux comme une charge et non comme un bénéfice, et qu'ils n'ont garde de quereller la commune au sujet de la concession faite à Pierre. A plus forte raison, les propriétaires situés plus bas sont-ils mal venus à se plaindre!

Le procès engagé dans ces termes, le tribunal aura à examiner s'il y a réellement possession acquise aux demandeurs quant à un volume déterminé d'eau dans la rivière qui borde leurs héritages, comme provenant de la source en question. Dans le cas de l'affirmative, ils apprécieront encore si la diminution de volume dans les eaux de la rivière est survenue par le fait de Pierre ; si elle est réellement préjudiciable aux riverains, et leur enlève partie des eaux nécessaires à l'irrigation, ou s'il y a, de leur part, exigeance déraisonnable. Enfin, le tribunal conciliera, dans son jugement, l'intérêt de l'agriculture avec les droits de la propriété. Que si l'aqueduc pratiqué par Pierre n'a produit en définitive qu'un déplacement d'eau avantageux à ce dernier, mais funeste à ses co-riverains, la suppression de cet aqueduc devra être ordonnée, sauf toute restitution de redevances perçues par la commune, qui supportera avec Pierre une partie des dépens de l'instance.

CINQUIÈME ESPÈCE [1].

Paul a, dans un de ses domaines, un étang dont les eaux se déchargent au point D, et s'écoulent sur l'héritage inférieur de François. De là ces eaux franchissent une parcelle appartenant à Germain, traversent une deuxième propriété de Paul et vont se perdre dans une rivière publique qui borde cette propriété. Celle-ci est en nature de pré et de terre inculte. L'impossibilité de dériver sur elle les eaux de la rivière publique à cause des intérêts de la navigation, et la difficulté en même temps de répandre sur toutes ses parties les eaux du ruisseau provenant de l'étang,

[1] Voir la figure. nº 5.

parce que le terrain accidenté et en contre-pente sur la gauche y met obstacle, ont empêché jusqu'ici la culture de la totalité en prairie. Il n'y a qu'une partie du terrain qui soit arrosable, et le reste languit faute d'eau. Paul a donc le plus grand intérêt à profiter du bénéfice de la loi nouvelle pour fertiliser son terrain, en donnant une autre direction au ruisseau formé par l'étang, pris à une certaine hauteur. Or, le point le plus convenable pour dériver utilement le ruisseau sans dommage pour autrui, est à la sortie du fonds de François, c'est à dire au point C. Là, en pratiquant un aqueduc qui traversera en partie le fonds de Germain de droite à gauche, Paul détournera utilement le ruisseau sur sa propriété inférieure. Germain, de son côté, n'apporte aucun obstacle à cette combinaison ; au besoin, il est disposé à vendre sa parcelle de terre à Paul, pour lui faciliter ses projets d'irrigation. Mais François refuse de laisser faire les ouvrages nécessaires à la sortie de son fonds. Il oppose sa possession trentenaire du cours d'eau, basée sur des travaux extérieurs et apparents faits par lui ou par ses auteurs, pour utiliser une chute d'eau qui, dans le principe, formait une servitude grevante pour l'héritage forcé de la recevoir. Dans ces conjonctures, que doit faire Paul ?

Les eaux de l'étang sont sa propriété. Il peut en absorber plus ou moins, les diriger dans tous les sens dans l'étendue de son terrain. De plus, en vertu de la loi nouvelle, il peut les utiliser pour l'arrosement d'une autre propriété située plus loin, en traversant à cet effet l'héritage d'autrui. Si donc François se refuse obstinément à laisser dériver le ruisseau C D à la sortie de son fonds, Paul a le droit de pratiquer une nouvelle ouverture à son étang, savoir, au point G, et de conduire les eaux à leur destination par un aqueduc traversant de droite à gauche l'héritage de François. L'établissement de cet aqueduc deviendra plus onéreux à ce dernier que la simple concession de laisser faire les ouvrages nécessaires à la sortie de son fonds pour dériver le ruisseau C D, après qu'il en a épuisé toute l'utilité. François méconnaîtrait ses véritables intérêts s'il persistait dans ses prétentions déraisonnables.

Nous pourrions multiplier sans fin les exemples : Il suffit de ceux-là pour bien juger de la situation véritable faite par la loi de 1845 aux irrigateurs, et des combinaisons nouvelles qu'elle permet à l'intérêt privé ; leur succès est toujours subordonné à la prudence et au respect des droits acquis.

APPENDICE

POUR LA PROCÉDURE A SUIVRE DANS L'EXERCICE DES DROITS OUVERTS PAR LA LOI DU 29 AVRIL 1845.

Nous avons cru devoir joindre à ce petit ouvrage les instructions nécessaires pour la procédure à suivre tant devant l'autorité judiciaire que devant l'autorité administrative, dans les cas les plus usuels d'application de la loi nouvelle.

Nous commencerons par rappeler ici la distinction que nous avons faite et qui se trouve d'ailleurs consacrée par la législation, entre 1° les eaux du *domaine public*, les rivières navigables et flottables, sur lesquelles on peut obtenir des concessions, qu'on soit riverain ou non, 2° les eaux *communes*, les rivières non navigables ni flottables, dont on n'est que simple usager, 3° et les eaux de *propriété privée*, dont on a la disposition presque absolue.

A l'égard des concessions ou prises d'eau sur les rivières navigables et flottables, il est nécessaire avant tout de présenter une demande à l'autorité administrative supérieure. (Voir le modèle n° 1.)

Lorsque votre droit à la disposition des eaux sera établi par l'ordonnance portant concession, vous pourrez alors former votre demande judiciaire contre les propriétaires intermédiaires, dont il s'agira de traverser les héritages pour faire arriver les eaux jusqu'à votre propriété.

Si cette demande est dirigée contre un *seul* ou contre *deux* propriétaires, vous serez obligé d'abord de les citer en conciliation, et en tête de la citation vous donnerez copie de l'ordonnance de concession. (Voir le modèle n° 2.)

Si la demande est dirigée contre plus de *deux* personnes, encore bien qu'elles soient co-propriétaires du même héritage, vous êtes dispensé du préliminaire de conciliation. Vous assignez directement devant le tribunal de première instance; et en tête de l'assignation, vous donnez copie de l'ordonnance de concession. (Voir le modèle n° 3.)

A l'égard des cours d'eaux communs, non navigables ni flottables, desquels on est simple usager comme riverain, si vous voulez y établir une prise d'eau nouvelle en vue de l'irrigation, vous devez adresser préalablement une demande à M. le préfet du département. (Voir le modèle n° 1, qui peut servir en général pour toutes les demandes de concession adressées à l'autorité, en y introduisant les variantes nécessaires.)

Quand vous avez obtenu la prise d'eau, vous suivez la procédure ci-dessus indiquée (modèles n°s 2 et 3).

A l'égard des eaux de *propriété privée*, vous n'avez besoin que de former votre demande devant l'autorité judiciaire. (Voir les n°s 2 et 3.)

Reste maintenant à tracer la marche qu'il faut suivre pour arriver par voie amiable à la fixation des indemnités dues aux propriétaires *traversés*, et des ouvrages d'art à établir sur leurs propriétés.

Les parties intéressées devront en pareil cas signer un compromis dans lequel elles conviendront réciproquement de s'en rapporter, pour la solution des difficultés qui s'agitent entre elles, au jugement d'un arbitre expert amiable compositeur, juge en dernier ressort, et qui sera dispensé de toutes formalités judiciaires. (Voir le modèle n° 4.)

L'arbitre rendra sa sentence contenant fixation des indemnités dues, des travaux d'art à faire pour l'établissement de la conduite d'eau dont s'agit, du parcours et des dimensions du canal. Il dressera, autant que possible, un plan des lieux et du tracé de l'aqueduc, lequel plan sera annexé à la sentence arbitrale, ou à la transaction que les parties signerontsur les bases de ladite sentence, dans le but d'en éviter le dépôt, tel que de droit, au greffe du tribunal. (Voir le n° 5 pour modèle de la sentence arbitrale.)

Le dépôt d'une sentence et l'ordonnance judiciaire destinée à la rendre exécutoire entraînant toujours des frais plus ou moins onéreux, si les parties veulent éviter ces frais, elles le pourront en rédigeant sur les bases mêmes de la sentence arbitrale un petit acte en forme de transaction fait en autant d'originaux qu'il y aura de parties, et dans lequel elles déclareront respectivement qu'elles acceptent la décision de l'arbitre, les indemnités par lui fixées, le tracé par lui fait du parcours de l'aqueduc, etc. (Voir le modèle n° 6.)

MODÈLE N° 1.

DEMANDE DE CONCESSION.

« *A M. le ministre des travaux publics.*

» M. LE MINISTRE,

» J'ai l'honneur de vous exposer que je suis propriétaire d'un terrain (indiquer au moins approximativement l'étendue) sur les bords de la Seine, et en outre de..... hectares de terrain situés plus loin, mais à peu de distance de la rivière. Il me devient nécessaire pour pratiquer des canaux d'irrigation destinés à fertiliser mes héritages, d'obtenir de l'autorité royale l'autorisation de prendre sur la rivière une quantité d'eau suffisante.

» C'est pourquoi il vous plaira, M. le ministre, de mettre sous les yeux de Sa Majesté la demande que je lui adresse à cet effet, tendante à me voir autoriser à ouvrir sur le point D de la rivière de la Seine un canal d'irrigation de 1 mètre de profondeur sur 1 mètre 50 cent. de largeur; à faire construire sur le bord de ladite rivière et sur le terrain contigu à moi appartenant les ouvrages d'art nécessaires pour la prise d'eau et l'alimentation du canal-mère dont s'agit; sous l'offre par moi faite de me conformer pour l'établissement, l'entretien et la réparation desdits ouvrages, à toutes les conditions prescrites par l'administration ainsi que par les lois et les règlements. »

» J'ai l'honneur, etc.

» JACQUES DURAND. »

Cette demande, avant que d'être soumise au roi, est transmise par M. le ministre des travaux publics au préfet du département, pour qu'il donne son avis.

COMMENTAIRE.

FIN DE LA TABLE.

POISSY. — IMPRIMERIE D'OLIVIER-FULGENCE ET COMP.

www.ingramcontent.com/pod-product-compliance
Ingram Content Group UK Ltd.
Pitfield, Milton Keynes, MK11 3LW, UK
UKHW021052200726
13857UKWH00003B/897